Ludwig Waas

Die Zeiten im Englischen

Eine Nachschlage- und Übungsgrammatik

ab Klasse 7

Kopiervorlagen mit Lösungen

Wegen der besseren Lesbarkeit und Verständlichkeit wurde bei diesen Materialien auf die gleichzeitige Verwendung weiblicher und männlicher Personenbegriffe verzichtet und nur die männliche Form verwendet. Gemeint und angesprochen sind jedoch grundsätzlich beide Geschlechter.

Gedruckt auf umweltbewusst gefertigtem, chlorfrei gebleichtem und alterungsbeständigem Papier.

4. Auflage 2025

Linguistische Beratung: Jeff Kent/John Dickie
Illustrationen: Inka Grebner
Layout/Satz: PrePress-Salumae.com, Kaisheim
Druck: Rausch Druck GmbH, Aindlinger Str. 14, 86167 Augsburg

ISBN 978-3-95660-**199**-6

www.brigg-verlag.de

Inhalt

Das Passiv

Vorwort

Die englischen Zeiten *(tenses)* gehören zu den schwierigsten grammatischen Bereichen der englischen Sprache. Die Auswahl der passenden Zeitform ist zuallererst abhängig von der Situation der Handlung. Fast alle Zeitformen haben mehrere Funktionen. So wird z. B. die Zeitform des *Present Progressive (= Present Continuous)* nicht nur verwendet, um die Gleichzeitigkeit von Sprechen und Handeln auszudrücken, sondern auch, um ein Ereignis anzukündigen, das in der nahen Zukunft geschieht oder erwartet wird.

Zielgruppe

Dieses Buch ist für Lernende gedacht, die bereits ein grammatisches Grundwissen besitzen. Es muss nicht von der ersten bis zur letzten Seite der Reihe nach durchgearbeitet werden. Vielmehr können mithilfe des Inhaltsverzeichnisses bestimmte Kapitel zur näheren Betrachtung und Bearbeitung ausgewählt werden. Aktueller Lernstoff wird so vertieft, Fragen und Probleme können geklärt werden. Und sicherlich können sich nicht nur Schüler hier Rat holen.

Aufbau

Jedes der 29 Kapitel ist einer Zeitform im Aktiv bzw. Passiv gewidmet. Zusätzliche Kapitel behandeln Zeitformen, die besonders häufig fehlerhaft verwendet werden. Formen, die leicht verwechselt werden, sind hier einander gegenübergestellt (z. B. *Present Progressive* und *Present Simple* oder *Past Simple* und *Present Perfect*).

- Jedes Kapitel beginnt mit Angaben zu den Möglichkeiten der **inhaltlichen Aussage** der betreffenden Zeitform.
- In einem kompakten Text in Gesprächsform wird anschließend **in Beispielen** dargestellt, wie die Zeitform verwendet wird. Besonderer Wert wird darauf gelegt, dass die **Situation**, in der die Zeitform Anwendung findet, klar dargestellt ist – dies geschieht meist durch eine **Illustration**.
- Die inhaltliche Aussage der Beispiele aus dem Text wird kurz erklärt.
- Es schließen sich **Übungen** an, in denen die Zeitformen situationstypisch zu verwenden sind – oft auch in Abgrenzung von anderen Zeitformen.
- Im Anhang des Buches sind zum Abgleich die **Lösungen** aufgeführt. Fehler sollten zum Anlass genommen werden, die Erklärungen noch einmal genau durchzuarbeiten.

Aktiv Gegenwart 1. Present Simple

Lernschritt 1

Grundsätzlich wird das ***Present Simple*** verwendet, wenn ausgedrückt werden soll,

A … dass etwas immer so ist.

B … dass etwas immer wieder geschieht oder nie geschieht.

C … dass in der Zukunft etwas geschehen wird, was durch ein Programm oder einen Fahrplan festgelegt ist.

Für diese drei Aussagemöglichkeiten findest du im folgenden Dialog Beispiele.

At the coffee shop

Miriam : Nice to see you, Roger.
Do you often have coffee here?
Roger: No, I usually go straight home after work.
I don't like to stay in town longer than necessary.
And I'm quite tired in the evenings.
Miriam: What time do you start work?
Roger: I start at seven in the morning and finish at seven in the evening.
Miriam: That's quite a long day indeed. And today?
Roger: Today I'm here because I go to a language course every Monday evening.
And I use the time until it starts to have a little snack.
Miriam: I see.
Roger: I'm afraid, I have to go now, Miriam.
My evening class starts at 8 o'clock and that's in five minutes.
Maybe we can meet here again next Monday.

I start at seven in the morning and finish at seven in the evening.

Es ist **immer so**.

I go to a language course every Monday.

Etwas geschieht **immer wieder**. (Hier: jeden Montagabend.)

My course starts at 8 o'clock.

Rogers Satz bezieht sich auf einen Zeitpunkt **in der Zukunft**, der durch ein **Programm** festgelegt ist.

Aktiv Gegenwart — 1. *Present Simple*

Lernschritt 2

Und hier findest du das Present Simple in allen Personalformen:

Singular *(Einzahl)*

I	**work**	very long hours.
You	**work**	
He	**works**	
She	**works**	
It	**works**	

Plural *(Mehrzahl)*

We	**work**	very long hours.
You	**work**	
They	**work**	

→ Weshalb wurden hier drei Verbformen unterstrichen? ________________________________

Lernschritt 3

Es wird behauptet, dass viele Schüler das „3.-Person-Singular-***s***“ vergessen, also das -***s***, das im *Present Simple* an ein Verb angehängt wird, wenn etwas über eine Person oder Sache (he, she, it) gesagt wird.

Beweise, dass du nicht zu diesen Schülern gehörst.
→ Hänge ein *-s* an – aber nur, wenn nötig.

1. Tom want_____ to watch television this evening.

2. You need_____ a car for that job.

3. She play_____ with her little brother every day.

4 . Children drink_____ cherry juice with their meals.

Lernschritt 4

Wenn man einen Fragesatz bildet, braucht man in der Regel das Hilfsverb „do“ bzw. „does“ (3. Person Singular).

1. Does Tom want to watch TV in the evening?

2. Do you need a car for that job?

3. Does she play with her little brother?

4. Do children drink cherry juice?

→ Unterstreiche auch in den Sätzen 3 und 4 das Hilfsverb und das Hauptverb.

Lernschritt 5

Auch bei Fragesätzen, die mit einem Fragepronomen beginnen (who?, where?, when?, how? ...), braucht man in der Regel das Hilfsverb „to do“.

Where **do** you **play** tennis? Wo spielst du Tennis?

→ Frage nach den unleserlichen Angaben in diesen Sätzen:

1. They play tennis at xxxxxxxxxxxxx.

   Where ______________________________

2. A pound of grapes costs £ xx.

   ____

3. Charlie watches TV after xxxxxxxxxxxxxxxxxx.

   ____

4. Carol plays xxxxxxxxxxxxxxxxx every Saturday.

   ____

5. I get up at xx o'clock.

   ____

6. Fanny and Eve have sports lessons xxxxx times a week.

   ____

Aktiv Gegenwart 1. *Present Simple*

Lernschritt 6

Bei der Verneinung wird ebenfalls das Hilfsverb „to do" gebraucht.

1. Tom doesn't (does not) watch TV in the evening.
2. You don't (do not) need a car for that job.

→ Übersetze die folgenden verneinten Sätze:

3. Sie spielt nicht mit ihrem kleinen Bruder.

____

4. Kinder trinken kein Bier zu *(with)* ihren Mahlzeiten.

____

Lernschritt 7

→ Bilde Aussagesätze, verneinte Sätze und Fragesätze.

1. Frage Jenny, ob sie am Wochenende Zeit hat.

____

2. Sage, dass du gewöhnlich am Morgen Radio hörst.

____

3. Sage, dass du dieses Jahr nicht nach Australien fliegst.

____

4. Frage Bob, ob er gerne in die Schule geht.

____

5. Sage, dass Herr Reynolds gerne Auto fährt.

____

6. Sage, dass du nicht nach 9 Uhr ins Bett gehst.

____

7. Sage, dass du abends keinen Alkohol trinkst.

____

8. Frage Carol, ob Jack oft mit ihr in den Park geht.

____

Lernschritt 8

Erinnerst du dich? Eingangs hast du gelernt, dass es drei Aussagemöglichkeiten gibt, bei denen ***Present Simple*** gebraucht wird (Seite 6).

→ Entscheide bei folgenden Sätzen, um welche Aussagemöglichkeit es sich handelt! Schreibe nur den Buchstaben in den Kreis.

→ Übersetze dann den Satz.

1. Johnny spricht Französisch. (A)

____

2. Ich esse viel Gemüse. ( )

____

3. Mary geht oft ins Kino. ( )

____

4. Die Schule endet um 1 Uhr. ( )

____

5. Ich fahre nicht mit dem Rad in die Schule, wenn *(when)* es regnet. ( )

____

6. Nimmst du den 10-Uhr-Zug? ( )

____

7. Wo wohnen deine Eltern? ( )

____

Aktiv Gegenwart — 2. Present Progressive

Lernschritt 1

Das ***Present Progressive*** wird verwendet,

A ... wenn ausgedrückt werden soll, dass eine Handlung im Augenblick des Sprechens abläuft.

B ... wenn ein längerer Vorgang, der gerade abläuft, noch nicht abgeschlossen ist. – Der Sprecher drückt aus, dass der Vorgang bald wieder vorbei ist.

C ... wenn etwas öfter geschieht und man sich darüber ärgert.

D **... wenn von einer festen Vereinbarung oder einem Plan (für die Zukunft) die Rede ist.**

Für diese drei Aussagemöglichkeiten findest du im folgenden Dialog Beispiele.

A telephone call

Simon: Hi Andy.

Andy: Oh, hello Simon.

Simon: What are you doing ?

Andy: I'm looking for my bike key. I've lost it again. I'm always losing it.

Simon: Me too. That's why I always go to school by bus. By the way. Would you like to go to the football match with me next Saturday afternoon?

Andy: To the football match?

Simon: Yes. We can go by bus.

Andy: Sorry, Simon, I can't. **I'm visiting** my cousin in hospital on Saturday afternoon.

Simon: I see. Well, give him my best.

What <u>are</u> you <u>doing</u>?

Simon möchte wissen, was Andy **gerade zu dem Zeitpunkt** macht, zu dem er anruft.

I'<u>m looking</u> for my bike key.

Andy ist **schon eine Weile dabei**, seinen Fahrradschlüssel zu suchen.
Nach der kurzen Unterbrechung durch das Telefongespräch **geht** die Suche **weiter**.

Aktiv Gegenwart 2. *Present Progressive*

I'm always losing it.

Andy hat schon **öfter** seinen Fahrradschlüssel verlegt und **ärgert sich** darüber.

I'm visiting my cousin in hospital next Saturday afternoon.

Der Besuch bei seinem Cousin im Krankenhaus ist für den kommenden Samstagnachmittag **fest geplant**.
Meist ist hier eine Zeitangabe dabei: next week; on Saturday afternoon; at the weekend ...

Lernschritt 2

So wird das ***Present Progressive*** gebildet.

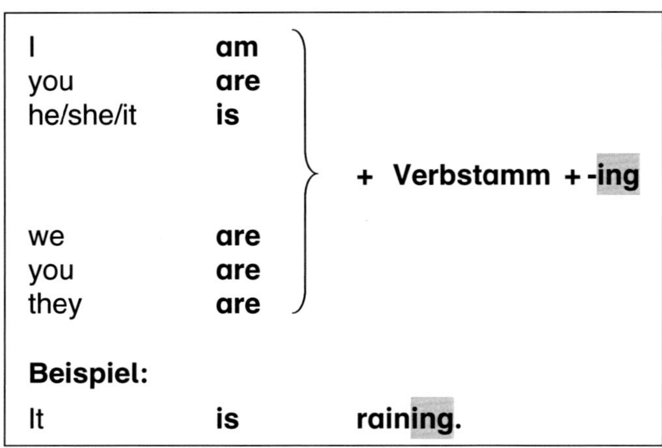

I	**am**	
you	**are**	
he/she/it	**is**	
		+ Verbstamm + -ing
we	**are**	
you	**are**	
they	**are**	

Beispiel:

It	**is**	**raining.**

→ Bilde nun nach dieser Regel Sätze im ***Present Progressive***.

(Die Ausrufezeichen bedeuten, dass das Verb in der *-ing*-Form etwas anders geschrieben wird.)

1. I _____ ______________________________ next to my car. (stand)
2. You _____ ______________________________ on my chair. (sit) !
3. Barry _____ ______________________________ coffee. (drink)
4. Ruth _____ ______________________________ an interesting book. (read)
5. The dog _____ ______________________________ after the children. (run) !
6. We _____ ______________________________ along an old canal. (walk)
7. You _____ ______________________________ a Bavarian speciality. (eat)
8. Luca and Bastian _____ ______________________________ their shirts. (change) !

Lernschritt 3

→ Formuliere nun die Fragen zu folgenden Antworten.
Schau dir zunächst das Beispiel an.

1. Who *are you calling*, Norman?

   I'm calling my friend Angie.

2. What ____?

   I'm drinking a fruit cocktail.

3. When ____?

   They are leaving at 7 o'clock in the morning.

4. Why ____?

   We are laughing because the joke was very funny.

5. ____?

   No, we aren't playing chess. We are playing backgammon.

6. ____?

   No, she isn't singing in Italian. She is singing in Spanish.

Lernschritt 4

→ Bilde nun **verneinte Sätze im *Present Progressive***.

1. Norman – do his homework

   Norman isn't doing his homework. He is playing with his smartphone.

2. Barbara – hide in the shed

   ______________________________. She is in the house.

3. we – wait for a bus

   ______________________________. We are looking for a taxi.

4. I – go on holiday to Canada this year

   ______________________________. I'm spending two weeks in Russia.

Lernschritt 5

→ In Lernschritt 1 hast du gelernt, dass das *Present Progressive* in 4 verschiedenen Situationen verwendet wird (A, B, C, D). Schau dir die folgenden Sätze an und schreibe die richtigen Buchstaben in die Kreise.

1. "I can't get any money out of this machine because I forgot my pin number again. *I'm always forgetting it*." (C)

2. "*My friend is going to the circus this evening*. Have you seen the performance yet?" ( )

3. "Hello, Brian. This is Mark. *What are you doing at the moment*?" ( )

4. "Anna, where are you?" "I'm in the bathroom. *I'm having a shower.* It's wonderful!" ( )

Lernschritt 6

Es wäre ein Wunder, wenn es keine Ausnahmen von der Regel gäbe!

I feel
~~I'm feeling~~ the heat of the sand.

Verben der passiven Wahrnehmung bilden gewöhnlich **keine -ing-Form**!
Wichtige Verben der passiven Wahrnehmung sind folgende:

to feel, to hear, to see, to taste, to notice (bemerken)

Weitere wichtige Verben, die gewöhnlich **keine -ing-Form** bilden, sind:

to believe, to think, to remember, to forget, to doubt (zweifeln)
to like, to prefer, to love, to hate
to want, to wish, to hope

Du musst sie dir gut merken, bevor du die nächste Übung machst.

→ ***Present Progressive*** **oder** ***Present Simple***?
Übersetze folgende Sätze bzw. fülle die Lücken aus.

1. Santa Claus is on the roof of the house.

   We ______________________ (hören) the noise on the roof.

2. Mr Knocker ______________________ (sitzt) in the living-room.

   He ______________________ (schaut) the news on TV.

3. "Look, William ______________________ (redet) to an old man. He played a trick on him a couple of years ago. I ______________________ (glaube), he still ______________________ (hasst) him for that."

4. "Look at the plane."

   "Yes, I ______________________ (sehe) the vapour trails (Kondensstreifen)."

5. "Today is your sister's birthday? I ______________________ (wünsche) her all the best."

Lernschritt 1

Es ist nicht immer leicht zu entscheiden, wann man das *Present Simple* und wann man das *Present Progressive* verwenden muss. Das kommt daher, dass wir im Deutschen nur eine Gegenwartsform haben und keinen Unterschied machen, ob etwas **gerade im Augenblick des Sprechens stattfindet – also vorübergehend** –, oder **ob etwas dauerhaft so ist** bzw. **sich wiederholt**.

Beispiel 1: ***Present Progressive***

Look! The blackbird **is sitting** on the roof and **singing** its song.

(Schau, die Amsel **sitzt** auf den Dach und **singt** ihr Lied.)

Hier benutzt der Sprecher das ***Present Progressive***, weil die Amsel **im Augenblick des Sprechens gerade** dort sitzt und singt.

Beispiel 2: ***Present simple***

Every evening the blackbird **sits** on the roof and **sings** its song.

(Die Amsel **sitzt** jeden Abend auf dem Dach und **singt** ihr Lied.)

Hier möchte der Sprecher ausdrücken, dass es sich um einen **wiederholten Vorgang** handelt **(jeden Abend)**. Deshalb benutzt er das ***Present Simple***.

Im Englischen kann man also genauer ausdrücken, was gemeint ist. Im Deutschen behelfen wir uns mit zusätzlichen Wörtern:

jetzt, gerade, soeben, im Augenblick, schau!

Im Englischen findet man entsprechend:

now, at the moment, just, look!

Man nennt diese Wörter **Signalwörter für das *Present Progressive***. Sie signalisieren, dass es sich um einen Vorgang handelt, der **im Augenblick des Sprechens** abläuft.

Wenn wir dagegen einen **wiederkehrenden Vorgang** meinen, so können wir im Deutschen zum Beispiel folgende Wörter benutzen:

jede Woche/jeden Tag/jedes Wochenende, immer, oft, manchmal, nie

Im Englischen gibt es diese Wörter auch:

every week/every day/every weekend, always, often, sometimes, never

Sie nennt man **Signalwörter für das *Present Simple***, weil sie uns signalisieren, dass ein Vorgang immer wieder stattfindet.

Vorsicht bei ***always***: Wie wir auf Seite 11/12 gesehen haben, wird *always* auch in Sätzen verwendet, die Ärger ausdrücken. Dann verwendet man das *Present Progressive*!

Signalwörter sind ein gutes Hilfsmittel, kommen aber nicht in jedem Satz vor. In diesem Fall muss man aus dem **Sinnzusammenhang** erschließen, was gemeint ist.

Hier findest du noch ein Beispiel:

Das Futterhäuschen, das du mir letzten Herbst geschenkt hast, hängt in unserem Apfelbaum.

→ The birdhouse you gave me last autumn hangs in our apple tree.

Der Sprecher drückt aus, dass der Platz des Futterhäuschens im Apfelbaum ist. Das ist so und wird sich nicht ändern. Deshalb steht hier das ***Present Simple***.

Man könnte sich aber auch vorstellen, dass der Satz im ***Present Progressive*** steht.

→ The birdhouse you gave me last autumn is hanging in our apple tree.

Dann würde der Sprecher allerdings betonen, dass das Futterhäuschen jetzt gerade und nur für eine bestimmte Zeit (Winter) im Apfelbaum hängt, dass es aber danach wieder abgehängt wird.

Lernschritt 2

Bei der folgenden Übersetzungsübung musst du entscheiden, ob das ***Present Progressive*** oder das ***Present Simple*** verwendet werden muss.

- Schau dir dazu die Regeln auf Seite 6 und Seite 11 noch einmal genau an. Hast du sie schon „im Kopf"?
- Berücksichtige auch, dass bei bestimmten Verben keine *-ing*-Form gebraucht wird (Seite 15).
- Achte auf Signalwörter.

Aktiv Gegenwart 3. *Present Simple und Progressive im Vergleich*

→ Wende nun diese Regeln an und übersetze. Begründe in Stichworten, warum du ***Present Progressive*** bzw. das ***Present Simple*** gewählt hast.

Football fans

1. Jimmy und Sam gehen am Wochenende gewöhnlich ins Fußballstadion.

   *Jimmy and Sam usually **go** to the football stadium at the weekend.*

   Present Simple. Begründung: Geschieht immer wieder. Signalwort: usually.

2. Aber diesmal sehen sie sich das Spiel im Fernsehen an. Es steht 2 : 1.

   ______________________________ The score is 2 : 1.

   ____

3. Sam meint, dass es draußen zu kalt ist.

   ____

   ____

Mother and daughter

4. Die Sonne geht im Osten auf. Im Westen geht sie unter.

   ____

   ____

5. Der rote Himmel im Osten zeigt, dass sie gerade aufgeht.

   ____

   ____

On Saturday morning

6. Herr Davis kauft jeden Samstag beim Bäcker Brötchen.

   ____

   ____

7. Hier fährt er mit seinem Rad zur Bäckerei.

   ____

   ____

Nice father

8. Peggy: Was machst du gerade?

9. Bianca: Ich putze gerade mein Fahrrad.

10. Ich putze immer am Wochenende mein Rad.

11. Peggy: Mein Vater putzt immer mein Rad für mich.

Smoking friend

12. Mutter: Dein Freund raucht immer, wenn er dich besucht. Das ganze Zimmer riecht nach Rauch.

13. Sohn: Zu Hause raucht er nie.

14. Mutter: Ich finde das unmöglich.

Aktiv Zukunft

Lernschritt 1

Im Englischen gibt es verschiedene Zeitformen, mit denen zukünftige Ereignisse beschrieben werden können. Bevor wir darauf eingehen, werfen wir einen kurzen Blick auf die Bildung der Zukunftsform im Deutschen, um sie mit dem Englischen zu vergleichen.

- Was wirst du am Wochenende machen?
- Ich werde mit meinen Freunden Volleyball spielen.

Du sagst wahrscheinlich:
Ja, das ist ein deutscher Satz in der Zukunftsform („werden" + Infinitiv).
Aber man kann genauso gut sagen:

- Was machst du am Wochenende?
- Ich spiele mit meinen Freunden Volleyball.

Im Deutschen gibt es also zwei Möglichkeiten, um die Zukunft auszudrücken. In der Umgangssprache wählen wir meistens ein Verb im Präsens.

Im Englischen ist das mit dem *Present Simple* in der Regel nicht möglich.

~~What do you do at the weekend?~~
~~I play volleyball with my friends.~~

Im Englischen heißt es:

- What are you going to do at the weekend?
- I 'll play volleyball with my friends. (I will play …)

Wir haben hier das ***„going to"-Future*** und das ***„will"-Future***. Näheres dazu erfährst du ab Seite 22.

Lernschritt 2

→ Hier geht es jeweils um ein Ereignis in der Zukunft. Streiche die **grammatikalisch falschen** Übersetzungen durch.

Rahme den richtigen Satz ein!

1. Alle meine Freunde sehen sich heute Abend ein Fußballspiel an.

   a) ~~All my friends watch a football match this evening~~.

   b) | All my friends are going to watch a football match this evening. |

2. Fährst du dieses Jahr wieder per Anhalter nach Paris?

   a) Are you going to hitchhike to Paris again this year?

   b) Do you hitchhike to Paris again this year?

Aktiv Zukunft

3. Warte einen Moment. – Ich helfe ihr das Gepäck zu tragen, weil sie alt ist.

   a) I help her to carry the luggage, because she's old.

   b) I'll help her to carry the luggage, because she's old.

4. Ich reite das Pferd Samba in unserem Urlaub auf dem Reiterhof.

   a) I ride the horse Samba on our holiday at the horse farm.

   b) I'm going to ride the horse Samba on our holiday at the horse farm.

5. Mach dir keine Sorgen. Ich bringe dich zum Flughafen.

   a) Don't worry. I'll take you to the airport.

   b) Don't worry. I take you to the airport.

6. Ich glaube, dass unser Flugzeug in einer halben Stunde in Moskau landet.

   a) I think our plane will land in Moscow in 30 minutes.

   b) I think our plane lands in Moscow in 30 minutes.

Aktiv Zukunft — 4. will-Future

Lernschritt 1

Das ***will-Future*** ist eine Zukunftsform des Verbs. Es wird verwendet,

A … wenn man spontan sagt, was man tun wird.

B … wenn man etwas voraussagt/prophezeit.

C … wenn man sagt, was man sich erhofft oder befürchtet.

D **… wenn man sagt, was unter bestimmten Umständen (when, if) geschehen wird.**

E … wenn man jemanden um einen Gefallen bittet.

F … wenn man jemandem etwas anbietet oder verspricht.

Paul's American girlfriend

Paul: Are you hungry, Jennifer?
Jennifer: Yes, a little.
Paul: Look, there's a nice Bavarian restaurant over there.
Jennifer: Yes, but I'm afraid it ['ll be] very expensive. We ['ll have to pay] a fortune for two meals. I just want something small and cheap.
Paul: Don't worry, Jennifer. You're my guest today. [I'll pay] for your meal. And I'm sure we ['ll find] something you ['ll like].
Jennifer: Why, thank you, Paul. Okay, then let's go in.

Paul: Let's sit here near the window. [Will] that [be] okay for you?
Jennifer: Yes, sure. I want to go and wash my hands. [Will] you [keep] an eye on my handbag?
Paul: Yes, of course.

Jennifer: What looks good on the menu?
Paul: Well, they've got "Kaiserschmarrn mit Apfelmus". That's a kind of cut-up and sugared pancake with raisins, served with applesauce. It's a Bavarian speciality. I promise you ['ll find] it delicious.
Jennifer: Sounds good. I ['ll have] that.
Paul: I think I ['ll have] it, too. When the waiter comes, I [**'ll tell**] him.

I'm afraid it'll be very expensive.
Jennifer **befürchtet**, dass das Restaurant sehr teuer ist. (I'm afraid …)

Aktiv Zukunft — 4. *will-Future*

We'll have to pay a fortune for two meals.
Sie **prophezeit** (sagt voraus), dass sie ein „Vermögen“ zahlen müssen.

I'll pay for your meal.
Paul **verspricht** Jennifer, dass er für ihr Essen zahlen wird.

I'm sure we'll find something you'll like.
Paul **hofft** (ist fast sicher), dass sie etwas finden werden, was Jennifer gerne isst.

Will that be okay for you?
Paul erhofft sich eine Zusage von Jennifer.

Will you keep an eye on my handbag?
Jennifer **bittet** Paul, kurz auf ihre Handtasche aufzupassen.

I promise you'll find it delicious.
Paul **verspricht** ihr, dass der Kaiserschmarrn ihr schmecken wird.

I'll have that, (too).
Jennifer und Paul **entscheiden sich spontan**, den Kaiserschmarrn zu nehmen.

When the waiter comes, I'll tell him.
Paul gibt die Bestellung auf, **wenn** (sobald) der Kellner kommt.

Lernschritt 2

So wird das ***will-Future*** gebildet.

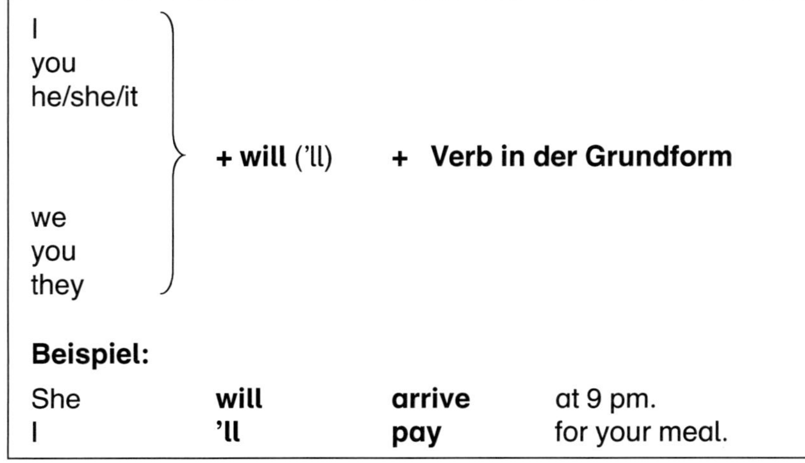

I
you
he/she/it

we
you
they

} **+ will** ('ll) **+ Verb in der Grundform**

Beispiel:

She	**will**	**arrive**	at 9 pm.
I	**'ll**	**pay**	for your meal.

→ Finde nun heraus, weshalb hier jeweils das will-Future verwendet wird. Schreibe es dazu.

1. It's a bit hot in here. I'll turn down the heating, okay?
   spontaner Entschluss

2. He hopes he'll get a new bike for Christmas.
   ____

3. Ben, will you repair Mother's bike, please?
   ____

4. Ollie will repair it.
   ____

5. Did you phone Peggy? – Oh no, but I'll phone her now.
   ____

6. When I'm in Australia next year, I'll buy a sailing boat.
   ____

7. Will you close the door, please?
   ____

8. If Laura behaves well, her grandparents will take her to London.
   ____

9. I don't think that Billy will pass his exam.
   ____

10. He'll become the next president of the United States.
    ____

11. We'll only go swimming if it's hot.
    ____

12. I don't think I'll go out for a walk. The weather is quite bad at the moment.
    ____

13. I hope the police will catch the robber within the next 24 hours.
    ____

Aktiv Zukunft — 5. *going-to-Future*

Lernschritt 1

Das ***going-to-Future*** wird verwendet,

A … wenn man von der festen Absicht spricht, etwas zu tun, und die Entscheidung schon in der Vergangenheit stattgefunden hat.

B … wenn man aufgrund von Anzeichen auf ein bevorstehendes Ereignis schließt.

Holidays in Spain

Norman: Hello, David.
David: Hi, Norman.
What [are you going to do] in your holidays?
Norman: I ['m going to fly] to Madrid for two weeks.
My girlfriend Berta is going, too.
David: Oh, I see, you've already bought a new Spanish grammar book.
You ['re going to take] it with you?
Norman: Yes, we ['re going to attend] a language course in Madrid.
David: Oh, that's interesting.

What <u>are</u> you <u>going to do</u> in your holidays?

David erkundigt sich, ob Norman schon etwas **geplant** hat für den Urlaub.

I'<u>m going to fly</u> to Madrid.

Der Flug nach Madrid ist **fest geplant**.

I see you've already bought a Spanish grammar book.
You'<u>re going to take</u> it with you?

Daraus, dass die neue Spanischgrammatik bei den anderen Reiseutensilien auf dem Tisch liegt, **schließt** David, dass Norman das Buch mitnimmt.

We'<u>re going to attend</u> a language course in Madrid.

Norman ist fest entschlossen, einen Sprachkurs zu besuchen. Vielleicht hat er ihn sogar **schon gebucht**.

Lernschritt 2

So wird das ***going-to-Future*** gebildet.

I	**am**		
you	**are**		
he/she/it	**is**		
		+ going to	**+ Verb in der Grundform**
we	**are**		
you	**are**		
they	**are**		

Beispiel:

The horse	**is**	**going to**	**jump** over the barrier.

→ Vervollständige nun die Sätze des folgenden Gesprächs, indem du das ***going-to-Future*** benutzt.

A new swimsuit

Sandra: I need a new swimsuit

Tomorrow ***I'm going to buy*** (buy) one at Marks and Spencer's.

Nina: How much money ______________________________ (spend)?

Sandra. A lot! But my grandfather ______________________________ (pay) for it.

Nina: ______________________________ (he/come) with you?

Sandra: No, he ______________ just ______________________________ (pay).

Nina: What kind of swimsuit ______________________________ (buy)? A bikini?

Sandra: I don't know yet. I ______________________________ (try on) different styles.

Nina: That's great. What ______________________________ (do) afterwards?

Sandra: My boyfriend ______________________________ (wait) for me in a little café at 11 o'clock.

Lernschritt 3

Für die nächste Übung solltest du dir noch einmal kurz die Kapitel über das *will-Future* und das *Present Progressive* anschauen. Denn damit sollst du entscheiden lernen, ob das ***will-Future***, ***going-to-Future*** oder das ***Present Progressive*** verwendet werden muss.

1. "I can't fix this bike computer."

   "Wait a minute. I ______________________________ (help) you."

2. "We have no bread at home for breakfast tomorrow."

   "No problem. I ______________________________ (go) and buy some tomorrow morning."

3. "Canada is a wonderful country. Our club ______________________________ (go) there next August."

4. "Have you already decided what you ______________________________ (do) this evening?"

5. "Sure. ______________________________ (watch) the soap opera on TV at 8 o'clock."

6. "Steve ______________________________ (make) a hutch for his little rabbit at the weekend.

   And I ______________________________ (help) him."

7. "Mary, do you want me to take you home in my car?"

   "No thanks, I ______________________________ (go) home in my own car."

Lernschritt 4

→ Übersetze die folgenden Sätze. Auch hier musst du dir überlegen, um welche Situation es sich handelt, damit du die richtige Zukunftsform einsetzen kannst.

1. „Das Abendrot (sunset) ist herrlich.
   Ich glaube, dass wir morgen einen schönen Tag haben werden."

   ____

   ____

2. „Schau, Olga pumpt schon ihr Rad auf. Sie fährt gleich in die Schule."

3. „Wenn mein Vater nach Hause kommt, bringt er mich mit dem Auto in die Disco *(club)*."

4. „Hast du dich schon entschlossen, welche Kamera du kaufst?"
„Noch nicht, aber ich glaube, ich kaufe die billigere."

5. „Was möchtest du trinken: Cola oder Bier?"
„Ich denke, ich trinke ein Glas Wasser."

6. „Fliegt ihr nach Paris, oder fahrt ihr mit dem Zug?"
„Keine Frage. Wir fahren mit dem Zug."

7. „Ich befürchte, ich bekomme meine neue Spülmaschine noch nicht einmal in drei Wochen."
„Mach dir keine Sorgen, ich helfe dir beim Abwasch."

8. Mein Freund glaubt, dass ich bei der Fahrprüfung (driving test) nächste Woche durchfalle (fail).
Aber ich weiß, ich werde sie bestehen. Und wenn nicht, dann mache ich sie noch einmal.

Aktiv Zukunft *6. Zukunft durch Gegenwartsformen ausdrücken*

Lernschritt 1

Sowohl das ***Present Progressive*** als auch das ***Present Simple*** können in ganz bestimmten Situationen verwendet werden, um zukünftiges Geschehen auszudrücken.

> Das ***Present Progressive*** wird vor allem im gesprochenen Englisch bei Handlungen verwendet, **die vorher vereinbart oder geplant wurden.**

Um von einer zukünftigen Handlung zu sprechen, benutzt man besonders gerne sogenannte Tätigkeitsverben im *Present Progressive*, wie z. B.

go, come, leave, move und fetch.

Fast immer wird eine **Zeitangabe** hinzugefügt, um den Bezug zur Zukunft deutlich zu machen. Wenn aus dem Zusammenhang schon klar ist, dass das Ereignis in der Zukunft liegt, kann die Zeitangabe auch fehlen.

The Hills' holiday

The Hills are going to the airport this evening.

They are leaving at 7 pm.

They are coming back in two weeks.

Their neighbour is picking them up.

Alle Sätze beziehen sich auf Ereignisse, die vorher bereits geplant wurden bzw. die sich die Hills fest vorgenommen haben.

Lernschritt 2

Das ***Present Progressive*** und das ***going-to-Future*** können **weitgehend parallel** verwendet werden, da beide ausdrücken, dass eine Handlung fest geplant ist bzw. sich jemand etwas fest vorgenommen hat (vgl. Seite 25 zum *going-to-Future*).

→ Verwende bei folgenden Sätzen die jeweils andere Zukunftsform.

1. Are you going to play football tomorrow?

   Are you playing football tomorrow?

2. He can't come because he is working until 8 pm on Saturday.

   ____

3. What time are you going to come on Sunday?

____

4. We're going to fly to Melbourne next weekend.

____

TIMETABLE			
Arrivals		Departures	
7.30	Moscow	7.20	Oslo
7.50	Munich	7.40	Madrid
8.05	Paris	7.50	Rome

Das ***Present Simple*** verwendet man für zukünftige Ereignisse, wenn man von **Fahrplänen, Theater-, Fernseh- oder Kinoprogrammen, also von Ereignissen spricht, die von einer Institution oder einer übergeordneten Person festgelegt wurden.**

Beispiele:

- When **does** the performance **begin**? We should be there 20 minutes beforehand.
- We have enough time to catch the bus. It **arrives** at 3.50 pm and **leaves** at 3.55 pm.
- We aren't late. The car race **starts** at 1 pm.

Lernschritt 3

→ Vervollständige die folgenden Sätze. Entscheide zwischen der Form des ***Present Simple*** und der des ***Present Progressive***.

1. Our sons <u>*are going*</u> (go) to the football match this evening.
   The match <u>*starts*</u> (start) at 8 pm.

2. We ______________________ (leave) at 5 o'clock tomorrow morning.

   ______________________________________ (bus/go) so early?

3. The plane ______________________ (leave) at 10.30 am.

   So we ______________________ (leave) for the airport at 8 o'clock.

4. The zoo ______________________ (open) at 9 o'clock in the morning.

   Ben ______________________ (take) some bread with him for the ducks.

5. Next weekend we ______________________ (go) to the fun park.

   It ______________________ (open) at 10 o'clock in the morning and

   ______________________ (close) at 8 o'clock in the evening.

Aktiv Zukunft — 7. Future Progressive

Lernschritt 1

Das ***Future Progressive*** wird hauptsächlich in folgenden drei Situationen verwendet.

Der Sprecher will ausdrücken,

A … dass jemand gerade eine (länger andauernde) Handlung ausführen wird, während ein anderes Ereignis eintritt oder eintreten könnte.

B … dass er jemanden höflich um einen Gefallen bittet.

C … dass eine zukünftige Handlung für einen bestimmten Zeitpunkt geplant ist.
(In diesem Fall könnte auch das *Present Progressive* bzw. das *going-to-Future* verwendet werden, vgl. S. 29 f.)

Neighbours

Corinna: Hi Nina, would you like to come over for a cup of coffee tomorrow morning at 9 o'clock?
Nina: I'm sorry, Corinna. I 'll be giving Tommy his bottle at that time.
Corinna: And what about an hour later?
Nina: Sorry, I 'll be going to the doctor's at ten o'clock.
Corinna: Oh – you're very busy.
Nina: Well, young mothers always are.
Corinna: Well, will you be mowing your lawn tomorrow afternoon?
Nina: No, why are you asking?
Corinna: I wanted to know, if you could lend us your lawn mower.
Nina: Okay, just come over and get it tomorrow after lunch.

I'll be giving Tommy his bottle at that time.

Zu der Zeit, zu der Nina ihre Nachbarin Corinna zu einer Tasse Kaffee einlädt, wird diese gerade ihrem kleinen Sohn Tommy die Flasche geben.

I'll be going to the doctor's at 10 o'clock.

Nina hat den Arztbesuch schon **fest geplant**.
Man könnte hier genauso gut sagen:
I'm going to the doctor's at 10 o'clock. (**Present Progressive**)

<u>Will you be mowing</u> your lawn tomorrow afternoon?

Hier beginnt Corinna ganz **höflich** mit ihrem **Anliegen**, nämlich der Frage, ob sie den Rasenmäher ausleihen könnte. Zunächst fragt sie aber, ob Nina den Rasenmäher am nächsten Tag selbst brauchen wird.

Lernschritt 2

Der Bauplan für die Bildung des ***Future Progressive*** sieht so aus:

will be	+ **Verbstamm + -ing**	
Beispiel:		
He **will be**	**talking**	to them.

→ Wähle die richtige Zukunftsform für die jeweilige Situation aus.
Manchmal sind auch beide Formen möglich. – Streiche falsche Formen durch.

1. I've made up my mind now.
   I'm going to study / I'll be studying Maths in Edinburgh in November.

2. They have worked hard this year.
   But this time next year *they'll be lying / they'll lie* on the beach in the sun.

3. Look, isn't he a poor chap?
   I'll give / I'll be giving him some money for a meal.

4. I'm really looking forward to next Monday.
   The former president of the USA *is going to speak / will be speaking* at our university.

5. *"Where are you going / where will you be going* on holiday?"
   "To Paris."
   "I hope *you'll have / you'll be having* a nice time."

6. "*Will you be riding / Will you ride* to work on your motorbike tomorrow?
   I wonder if I could use it."

7. "There are lots of people here on St. Peter's Square."
   "Yes, the pope *will be talking / is going to talk* to us at 11 o'clock."

8. "Can I come to play chess with you this evening?"
   "No, sorry. *I'll be watching* TV / *I'll watch* TV."

Lernschritt 1

Das ***Future Perfect*** benutzt man,

A ... wenn man sagen möchte, dass man mit einer Tätigkeit zu einem bestimmten Zeitpunkt fertig sein wird.

B ... wenn man sagen möchte, wie lange etwas bis zu einem bestimmten Zeitpunkt in der Zukunft gedauert haben wird.

The new house

15 August

Mr Cook: Your new house is making good progress. When did you tear down your old one?

Mrs Rudnik: In springtime. Ever since we have been living in a caravan on a campsite nearby.

Mr Cook: Oh, that sounds like a summer holiday.

Mrs Rudnik: Well, it hasn't been fun all the time. We've had several quite rainy weeks this summer.

Mr Cook: How long have you been living there?

Mrs Rudnik: We [will have lived] there for six months by 2nd September.

Mr Cook: And when will you be able to move into your new house?

Mrs Rudnik: We hope the craftsmen [will have finished] their work by the first cold nights. And then we'll move in at once – hopefully.

We will have lived there for six months by 2nd September.

Mrs Rudnik sagt am 15. August, dass ihre Familie bis zu einem Zeitpunkt in der Zukunft (2. September) ein halbes Jahr im Wohnwagen gewohnt haben wird.

The craftsmen will have finished everything before the first cold nights.

Mrs Rudnik meint, dass die Handwerker zu einem bestimmten Zeitpunkt in der Zukunft (vor den ersten kalten Nächten) fertig sein werden.

Aktiv Zukunft — 8. *Future Perfect*

Lernschritt 2

So wird das ***Future Perfect*** gebildet.

	will have +	**Verb (Past Participle)**	*Zeitangabe*
Beispiel:			
The plane	**will have**	**left**	*by ten o'clock.*

→ Bilde nun Sätze im ***Future Perfect***.
Beachte: Im Deutschen steht hier oft das Präsens oder das Perfekt.
→ Trage in die Kreise ein, ob es sich um Bedeutung A oder B handelt (siehe S. 33).

1. Frage deine Mutter, ob sie das Abendessen bis 18 Uhr gekocht haben wird. (A)

   Mum, will you have cooked dinner by 6 o' clock?

2. Sage, dass du das Fahrrad bis zum Abend repariert haben wirst. ( )

   ____

3. Sage, dass dein Bruder die Hundehütte *(kennel)* bis Samstag gebaut haben wird. ( )

   ____

4. Sage, dass der Bau des Hochhauses *(construction of the skyscraper)* in zwei Monaten schon drei Jahre gedauert *(to take)* hat. ( )

   ____

5. Sage, dass dein Vater sein Auto im nächsten Monat schon 10 Jahre fährt. ( )

   ____

6. Sage, dass ihr bis heute Abend 30 km zu Fuß gelaufen *(to walk)* seid. ( )

   ____

7. Sage, dass deine Eltern im nächsten Jahr 30 Jahre in Frankfurt wohnen. ( )

   ____

Lernschritt 3

→ Wende nun das ***Future Perfect*** in Situationen an, bei denen es um dich selbst geht.

1. Schreibe, wie lange du bis Ende des Jahres schon dein Fahrrad hast.

___

2. Schreibe, wann du mit dieser Aufgabe *(work)* fertig sein wirst.

___

3. Schreibe, bis wann du deine Abschlussprüfungen *(final exams)* geschrieben haben wirst (Monat und Jahr).

___

Aktiv Zukunft — 9. *Future Perfect Progressive*

Lernschritt 1

Das ***Future Perfect Progressive*** benutzt man,

... wenn man ausdrücken möchte, wie lange ein Vorgang bis zu einem bestimmten Zeitpunkt in der Zukunft angedauert haben wird.

Es wird ähnlich gebraucht wie das *Future Perfect*.

At the airport

Amy:	The plane should have arrived at 9.15.
Harry:	At 12 o'clock we 'll have been waiting for exactly three hours.
Amy:	I think we should go and have a snack somewhere.
Harry:	You're right. I'm getting really hungry.

At 12 o'clock we'll have been waiting for exactly three hours.

Harry und Amy warten schon fast 3 Stunden auf das verspätete Flugzeug ihrer Freunde. Harry sagt, dass es um 12 Uhr genau 3 Stunden sein werden.

Lernschritt 2

So wird das ***Future Perfect Progressive*** gebildet.

Zeitpunkt		**will have been +**	**Verbstamm + -ing**	*Zeitraum*
Beispiel:				
At 2.30	Nico	**will have been**	**waiting** for his girlfriend	*for one hour.*

Aktiv Zukunft — *9. Future Perfect Progressive*

→ Drücke nun folgende Gedanken mit einem Satz im *Future Perfect Progressive* aus.

1. Tomorrow it will be two weeks ago that it started to snow.

   Tomorrow it will have been snowing for two weeks.

2. In August it will be three years ago that I started studying Maths.

   ____

3. In 5 minutes it will be one hour ago that I started waiting for my girlfriend.

   ____

4. On 15th December it will be 20 years ago that Roberta went to Australia.

   ____ (live).

Aktiv Vergangenheit 10. *Past Simple*

Lernschritt 1

Das ***Past Simple*** verwendet man,

A ... wenn von einem Ereignis die Rede ist, das in der Vergangenheit geschah und zur Zeit des Sprechens bereits abgeschlossen ist.

B ... wenn eine Geschichte erzählt wird.

C ... wenn ein irrealer Wunsch ausgedrückt wird.

A holiday in London

Henry: I heard you were in London during your holiday.
Was the weather okay?
Eric: Okay? It was great. Five days of sunshine.
We visited a lot of sights.
Henry: You weren't alone?
Eric: No, I was with my grandparents.
They paid for the flight and the hotel.
Henry: Did you go to Madame Tussaud's?
Eric: Yes, we spent half a day there.
And then we went to the London Eye by underground.
It's a big wheel and it moves very slowly.
We had a wonderful view over the city.
Henry: Hm. I wish I had grandparents like yours.

I heard you were in London during your holiday.

Henry möchte sagen, dass er bereits vor einer Weile gehört hat, dass Eric in London war. Beides geschah in der Vergangenheit und ist zur Zeit des Sprechens bereits abgeschlossen.

Did you go to Madame Tussaud's?

Bei Fragen benutzt man die Umschreibung mit dem Hilfsverb *"to do" im Past Simple (did).*
Das Vollverb (go) bleibt dann in der Grundform.
Das Gleiche gilt für die Verneinung. (Beispiel: I didn't go to China Town.)

Bei Fragen mit dem Verb "to be" ist dagegen kein Hilfsverb notwendig. (*Was* the weather okay?)

I wish I had grandparents like yours.

Hier äußert Eric einen unerfüllbaren Wunsch: „Ich wünschte, ich hätte ...."

Aktiv Vergangenheit — 10. *Past Simple*

Und nun werfen wir einen kurzen Blick auf eine Erzählung B.

Eric's mouth organ (Mundharmonika)

Eric [was] a shepherd boy. Early in the morning he [drove] his father's sheep from their cottage in the valley up into the higher pastures. He [used] to whistle merrily all day long and the sheep [seemed] to like the sound for they always [followed] him.
One day Eric's father [gave] him a mouth organ to play his tunes on. But when he [tried] to play it, he [couldn't] make it sound right, and the sheep [ran off]. So Eric [got] some music lessons from his father and after that the sheep never [strayed] again.

Wenn eine Geschichte erzählt wird, verwendet man das *Past Simple*.

Lernschritt 2

So wird das ***Past Simple*** gebildet.

- Bei **regelmäßigen Verben** hängt man die Endung **-ed** an den Verbstamm:

  Verbstamm + -ed

  Beispiel: work → work**ed**, start → start**ed**, stay → stay**ed**

- Bei **unregelmäßigen Verben** weicht die *Past-Simple*-Form ab.

  Beispiel: begin → **began**, break → **broke**, bring → **brought**

  In jeder Verbtabelle der unregelmäßigen Verben steht die *Past-Simple*-Form an zweiter Stelle.

- Bei dem Verb "to be" lautet das *Past Simple* so:

I	**was**
you	**were**
he/she/it	**was**
we	**were**
you	**were**
they	**were**

Aktiv Vergangenheit — *10. Past Simple*

→ Bei den eingerahmten Verbformen in dem Text "Eric's mouth organ" handelt es sich um regelmäßige und unregelmäßige Verben im *Past Simple*.
Ordne sie in die folgende Tabelle ein.

Hier sind die Grundformen dieser Verben. Sie helfen dir dabei.

follow run off drive give get

use ~~seem~~ ~~be~~ try stray can

regelmäßige Verben	unregelmäßige Verben
seemed	*was*

Lernschritt 3

- Mit ***used to*** kann man ausdrücken, dass eine Handlung in der Vergangenheit **öfters** oder **gewohnheitsmäßig** ausgeführt wurde.

  Eric **used to** whistle merrily …

  Eric pfiff **gewöhnlich/immer** fröhlich, (wenn er mit den Schafen unterwegs war).

- ***used to*** wird außerdem verwendet, wenn von einem Vergleich zwischen früher und heute die Rede ist.

  When I was young I **used to** run a hundred metres in 10.9 seconds.

  Als ich (noch) jung war, lief ich hundert Meter in 10,9 Sekunden (aber heute nicht mehr).

Hier sind noch einige Beispiele.
→ *Lies* sie bitte laut, damit du dir die Satzstruktur einprägst.

When I was young I **used to** go to school by bike.
Als ich (noch) jung war, fuhr ich mit dem Rad zur Schule.

The stag **used to come** out of the thicket when it got dark.
Der Hirsch kam (immer) aus dem Dickicht, wenn es dunkel wurde.

Mr Horton **used to** work every day until he became rich.
Mr Horton arbeitete jeden Tag, bis er reich wurde.

Lernschritt 4

→ So wird **used to** gebraucht. Ergänze den Bauplan:

Zeitpunkt	**used to** +	______________	
Beispiel:			
Harold	**used to**	**play**	with dolls when he was four.

Lernschritt 5

→ Bilde nun selbst Sätze im ***Past Simple***.
Vergiss nicht, **"used to"** zu verwenden, wenn eine Handlung in der Vergangenheit öfter stattfand bzw. wenn ein Vergleich zwischen früher und heute angestellt wird.

1. Gestern schrieb ich meiner Freundin eine Ansichtskarte *(picture postcard)*.

____

2. Als ich in New York wohnte, fuhr ich (immer) mit dem Auto zur Arbeit.

____

3. Justin Cooper war (immer) lustig, als er noch ein Junge war.

____

4. Joshua sah den größten Elefanten der Welt.

____

5. Als ich noch jung war, ging ich jedes Wochenende in die Disco.

6. Vor seinem Unfall fuhr Mr. Sueskind sehr schnell.

7. Rosemary wohnte mit ihren Eltern in einem schönen kleinen Haus.

8. Als sie das sah, setzte sie sich auf einen Stein und weinte.

Lernschritt 6

Sicher erinnerst du dich aus dem Unterricht daran, dass in Sätzen mit Vollverben im ***Past Simple*** die **Frage und die Verneinung** mit ***„did“*** bzw. ***„didn't“*** gebildet wird.
Hier sind ein paar Sätze zur Auffrischung – vermischt mit Aussagesätzen.

→ Übersetze.

1. Hast du gestern Sue gesehen?

   Did you see Sue yesterday?

2. Nein, gesehen habe ich sie nicht, aber ich bekam gestern eine E-Mail von ihr.

3. Sie war in Tunesien *(Tunisia)* im Urlaub.

4. Ich wusste (gar) nicht, dass sie gerne in heiße Länder reist.

5. Früher fuhr sie (immer) nach Norwegen oder Schweden.

   Earlier

Aktiv Vergangenheit 11. *Present Perfect*

Lernschritt 1

Man benutzt das ***Present Perfect***

A ... wenn man über ein Ereignis spricht, das in der Vergangenheit begann und bis in die Gegenwart andauert.

B ... wenn etwas kurz vor dem Moment des Sprechens geschah (just).

C ... in Sätzen mit: **never, ever, already, not yet, recently, it's the first time**, wenn von einem Rückblick auf die Vergangenheit die Rede ist.

D **... in Sätzen mit "as soon as" (sobald), wenn es um eine Bedingung geht, die erfüllt sein muss, damit eine zukünftige Handlung eintreten kann.**

A birthday present

Mr Cooper [has been] keen on mountaineering all his life. Not so his wife and daughter Mandy, but for his birthday they promised to climb a mountain with him.

Now they're preparing for a hike to the top of Ben Nevis, the highest mountain in Great Britain.

Mrs Cooper: Mandy, are our boots ready for the hike?

Mandy: Yes, I ['ve fetched] them from the cellar.
And I ['ve just cleaned] them.
They are waiting for us in the car.

Mrs Cooper: What about our sandwiches?

Mr Cooper: I'm going to pack them into the rucksack as soon as Mandy [**has wrapped**] them.

Mandy: Just a minute! Here you are, Dad.
Mum, [have you ever been] to the top of a mountain?

Mrs Cooper: I ['ve already tried] several times with your father, but I ['ve never made] it to the summit.

Mr Cooper: The hike to the top of Ben Nevis will be long, but it won't be difficult or dangerous. This time we'll make it to the top.

Mandy: Isn't there a cable car?

Mr Cooper: No, sorry Mandy, there isn't a cable car or a cog railway at Ben Nevis.

Mr Cooper has been keen on mountaineering all his life.

Mr Cooper ist immer schon ein begeisterter Bergsteiger gewesen. Das begann in der Vergangenheit und gilt bis zu dem hier beschriebenen Zeitpunkt.

Yes, I've fetched them from the cellar. And I've just cleaned them.

Mandy sagt, dass sie die Bergschuhe aus dem Keller geholt hat und dass sie sie gerade eben geputzt hat (kurz vor dem Moment des Sprechens).

I'm going to pack them into the rucksack as soon as Mandy has wrapped them.

Sobald Mandy die Brote eingewickelt hat (= Bedingung), wird Mr Cooper sie in den Rucksack packen.

Mum, have you ever been to the top of a mountain?
I've already tried several times with your father, but I've never made it to the summit.

In diesen Sätzen werden die Wörter ever, *already* und *never* verwendet. Sie sind Signalwörter für das Present Perfect.

Lernschritt 2

→ Vervollständige den folgenden Bauplan, nach dem sich Sätze im ***Present Perfect*** bilden lassen.

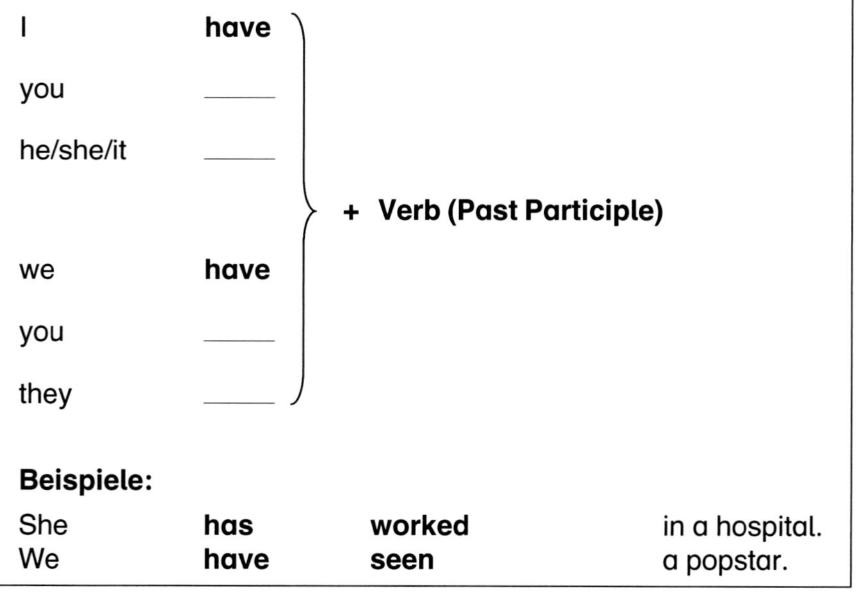

I	**have**	
you	______	
he/she/it	______	
		+ Verb (Past Participle)
we	**have**	
you	______	
they	______	

Beispiele:

She	**has**	**worked**	in a hospital.
We	**have**	**seen**	a popstar.

Lernschritt 3

Die Verbform ***Past Participle*** (Partizip Perfekt) wird bei **regelmäßigen Verben** durch Anhängen von -ed an den Verbstamm gebildet:

Verbstamm + -ed

Beispiel: She has **worked**. We have **laughed**.

Bei unregelmäßigen Verben sieht es anders aus:

→ Unterstreiche in der folgenden kleinen Tabelle mit unregelmäßigen Verben jeweils das ***Past Participle*** (Partizip Perfekt).

eat	ate	eaten
go	went	gone
die	died	died
see	saw	seen
drink	drank	drunk

Du findest vollständige Tabellen unregelmäßiger Verben in jedem *Dictionary* und in jedem Lehrbuch. Lerne sie auswendig. Du brauchst sie immer wieder!

→ Vervollständige diesen Satz:

In der Liste unregelmäßiger Verben finde ich

das *Past Participle* immer an der _____ Stelle.

Lernschritt 4

Hier sind einige typische Situationen, in denen man das *Present Perfect* verwendet.
→ Übersetze und begründe kurz, weshalb hier das *Present Perfect* steht. Die Hinweise in Lernschritt 1 helfen dir dabei.

1. „Schau mal, Mama, ich habe diese Blumen für dich gepflückt."

____

____

2. „Willkommen daheim. Habt ihr euren Urlaub genossen *(enjoy)*?"

3. „Ich war noch nie in New York."

4. „Ich habe meine Mathematikhausaufgabe gerade schon gemacht, aber mit der Englischhausaufgabe bin ich noch nicht fertig."

5. Sie werden feiern, sobald sie ihre Prüfung bestanden haben *(pass)*.

6. „Ich habe noch nie im Leben geraucht."

12. Past Simple und Present Perfect im Vergleich

Lernschritt 1

Past Simple: **I bought the theatre tickets on the internet.**

Present Perfect: **I have bought the theatre tickets on the internet.**

Beide Sätze beschreiben ein Ereignis, das in der Vergangenheit stattgefunden hat.

Welche Zeitform gewählt werden muss, hängt einzig und allein von der **Situation** ab, in der dieser Satz gesagt wird.

1. Past Simple: **I bought the theatre tickets on the internet.**

Diesen Satz könnte jemand sagen, der von einem zurückliegenden Theaterbesuch erzählt.
Die Handlung liegt in der Vergangenheit (gestern, eine Woche/einen Monat/... zuvor).

2. Present Perfect: **I've bought the theatre tickets on the internet.**

Diesen Satz würde jemand sagen, der gerade vom Computer weggeht und jemandem über den Kauf der Theaterkarten berichtet.
Hier geht es um eine Handlung, die gerade erst abgeschlossen wurde und bis an die Gegenwart heranreicht.

→ *Past Simple (1)* oder *Present Perfect (2)*?
Trage in die Sprechblasen die richtigen Nummern ein. Fülle dann die Lücken in den Kästen.

P ______________ ______________

P ______________ ______________

Lernschritt 2

→ Welches Bild passt zu welchem Satz?
Schau dir die Situation genau an und trage in die Kreise oder Sprechblasen die richtigen Nummern ein.

1. Mrs Moore left the school an hour ago.

2. Mrs Moore has just left the school.

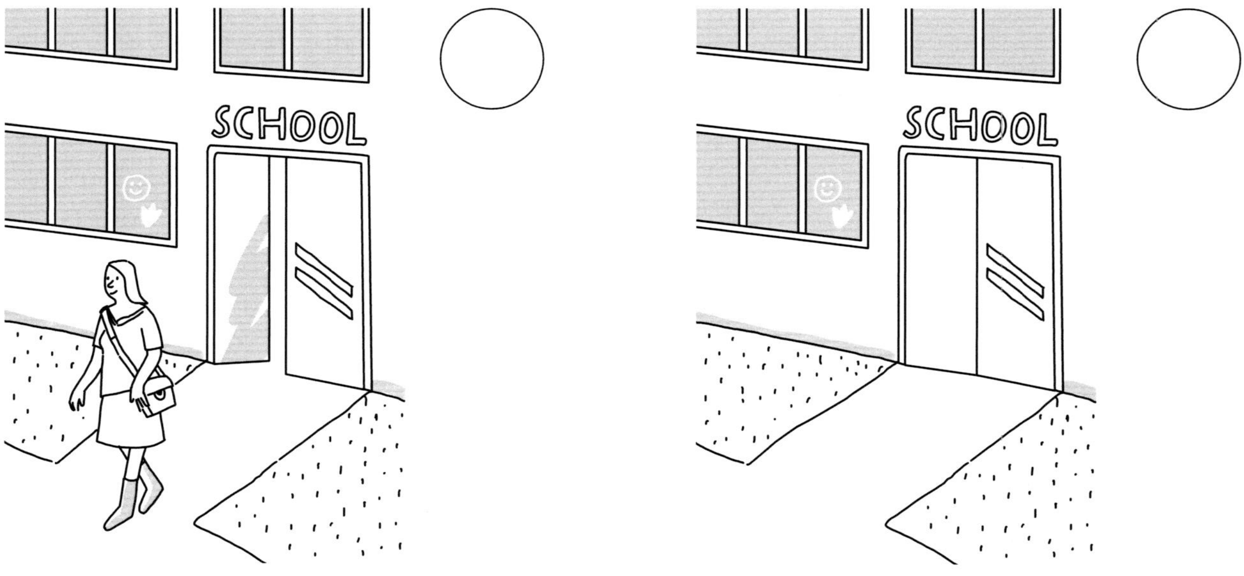

1. Tom repaired your car. (= Antwort auf die Frage, wer das Auto repariert hat.)

2. Tom has just repaired your car. (= Antwort auf die Frage, ob das Auto schon fertig ist.)

12. *Past Simple und Present Perfect im Vergleich*

1. You cooked a wonderful meal yesterday.

2. You've cooked a wonderful meal.

Lernschritt 3

Häufig signalisieren uns bestimmte Wörter im Satz, welche Zeitform wir verwenden müssen: *Past Simple* oder *Present Perfect*.

Auf Seite 43 hast du bereits sieben **Signalwörter für das *Present Perfect*** kennen gelernt. Schreibe sie hier auf.

____

____

Weitere Signalwörter für das Present Perfect sind:
today · **this morning/this evening/etc.** · **since** (seit + Zeitpunkt)

Achtung:
Neben den Signalwörtern kommt es aber immer **auch auf die Situation** an!

Lernschritt 4

Häufig wird als Signalwort auch "**for**" (seit) aufgeführt. Es weist aber nicht eindeutig auf den Gebrauch des *Present Perfect* hin. An den folgenden Beispielen kannst du das selbst erkennen.

→ Setze *"was" (Past Simple)* oder *"have been" (Present Perfect)* ein.
Achte dabei genau auf die Situation und schau dir die Bilder an.

"In Germany there are more beautiful buildings than in England.

I know that because I

______________________________ (live)

in England for three years."

"In England there are more beautiful buildings than in Germany.

I know that because I

______________________________ (live)

in England for three years."

Erklärung:

Mark lebt jetzt nicht mehr in England. Sein 3-jähriger Aufenthalt ist abgeschlossen und liegt schon eine Weile zurück. Er benutzt das ***Past Simple*** *(lived).*

Pamela dagegen ist jetzt immer noch in England, ihr Aufenthalt reicht also bis zum Zeitpunkt des Sprechens – bis in die Gegenwart hinein. Sie benutzt deshalb das ***Present Perfect*** *(have lived).*

In beiden Situationen wird *"for"* verwendet.

Lernschritt 5

Auch für die Verwendung des ***Past Simple*** gibt es **Signalwörter**.

five minutes/an hour/two years/… **ago**

last month/year/weekend/…

Beispiele:
I **was** born in Boston fifteen years **ago**.
Last Sunday I **rode** a horse for the first time in my life.

Lernschritt 6

→ *Past Simple oder Present Perfect? Setze das Verb in der richtigen Zeitform ein. Markiere die Signalwörter.*

1. Last Monday Nicola ________________ *(put on)* her warm boots and ________________ *(go)* skiing.

2. Only five minutes ago the world ________________ *(look)* quite different.

Aktiv Vergangenheit — 13. Past Perfect

Lernschritt 1

Das ***Past Perfect*** wird verwendet,

A … wenn von einem abgeschlossenen Ereignis in der Vergangenheit die Rede ist, das vor einem anderen, ebenfalls vergangenen Ereignis stattgefunden hat (Vorvergangenheit).

B … in der indirekten Rede, wenn etwas gesagt wurde, das zum Erzählzeitpunkt schon vorbei war.

The lost driving licence

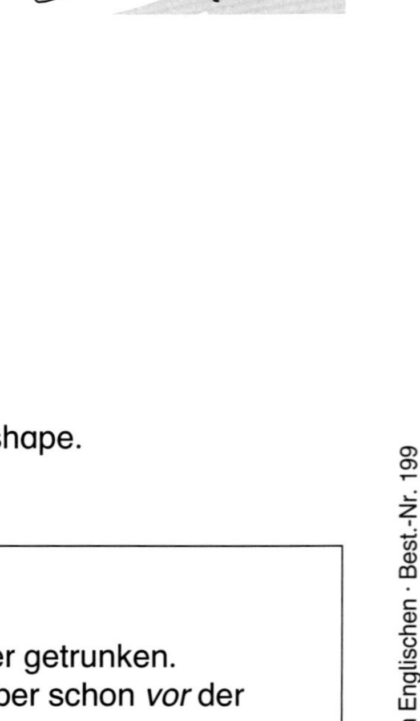

Chris: Hello Colin.
Colin: Hello Chris.
Why are you looking so sad?
Chris: Well, I lost my driving licence yesterday.
Colin: Do you know roughly where?
Chris: I know exactly.
The police stopped me near London Bridge.
Colin: Oh, I see.
How fast were you going?
Chris: It wasn't for speeding.
I [had drunk] two glasses of beer and two small glasses of whisky.
Colin: Did they give you a Breathalyzer test?
Chris: Sure, they did.
I told them that I [had eaten] a fat piece of pork.
And I told them that the alcohol [had been] medicine for me in this case.
But …
Colin: But they didn't believe you, I suppose.
Chris: Exactly! They were completely stubborn.
Colin: Well, Chris, now you'll have to ride your bike. At least that'll keep you in shape.

I <u>had drunk</u> two glasses of beer.

Chris wurde von der Polizei angehalten. *Davor* hatte er zwei Gläser Bier getrunken. Beide Ereignisse fanden in der Vergangenheit statt. Das Biertrinken hatte aber schon *vor* der Begegnung mit der Polizei stattgefunden.

I told them that I <u>had eaten</u> a fat piece of pork.

Chris erzählte der Polizei *(told)* von seinem Abendessen, das in der Vergangenheit stattgefunden hatte und zum Zeitpunkt des Sprechens schon abgeschlossen war.

Lernschritt 2

So wird das *Past Perfect* gebildet:

	had	**+ Verb (Past Participle)**	
Beispiel:			
The knights	**had**	**eaten**	a lot before they fell asleep.

Lernschritt 3

→ Setze nun das Verb im *Past Perfect* ein.

1. When the plane landed his brother was no longer there.

   ______________________________ (go home)
   Er war (schon) gegangen.

2. When the doctor arrived the patient was no longer alive.

   ______________________________ (die)
   Er war (schon) gestorben.

3. Some youngsters were playing football in our street.

   ______________________________ (see)
   Ich hatte sie vorher noch nie gesehen.

4. The pilot was a bit nervous,

   ______________________________ (fly)
   weil er vorher noch nie ein solches Flugzeug geflogen hatte.

5. Ted couldn't come for dinner because ______________________________ (promise)

   his brother to drive him to the airport.

Lernschritt 4

Noch einmal zur Erinnerung:
Wenn über ein Ereignis berichtet wurde, das zum Erzählzeitpunkt schon abgeschlossen war, benutzt man das ***Past Perfect***.

Beispiel: The girls told him that they **had lived** in London.

→ Sie wohnen jetzt nicht mehr dort.

Dauert jedoch das Ereignis zum Zeitpunkt des Sprechens noch an, dann benutzt man das ***Past Simple***.

Beispiel: They told him that they **lived** in London.

→ Sie wohnen immer noch dort.

→ **Past Simple** oder **Past Perfect**? Entscheide.

Frau Fisher sagte, dass die Kinder (schon) im Bett waren, als sie nach Hause kam.

1. ______________________________

Sie sagte, dass die Kinder vorher einen Schokoriegel gegessen hatten.

2. ______________________________

Herr und Frau Lomax erzählten mir, dass sie bei Microsoft arbeiten.

3. ______________________________

Sie sagten, dass sie (vorher) bei Cisco gearbeitet hatten.

4. ______________________________

Keith gab zu (to admit), dass er (vorher) schon dreimal geheiratet hatte.

5. ______________________________

Herr Jenkins erzählte uns, dass er als Schüler eine gute Englischlehrerin hatte.

6. ____

Jenny sagte, dass sie einen guten Englischlehrer hat.

7. ____

Lernschritt 5

Bei Ereignissen in der Vergangenheit sind die Konjunktionen (Bindewörter)

after, when, as soon as

Signalwörter für das Past Perfect.

Beispiele:
After we **had paid** the bill, we left the restaurant.
As soon as we **had paid** the bill, we left the restaurant.
When we **had paid** the bill, we left the restaurant.

→ Verbinde die folgenden zwei Sätze mithilfe der genannten Konjunktionen.

First he cleaned the windscreen. Then he drove away.

After ____

As soon as ____

When ____

Aktiv Vergangenheit 14. *Present Perfect Progressive*

Lernschritt 1

Das ***Present Perfect Progressive*** wird verwendet,

A ... wenn ein Vorgang beschrieben wird, der in der Vergangenheit begann und zur Zeit des Sprechens noch weiter andauert.

B ... wenn ein Vorgang beschrieben wird, der in der Vergangenheit begann und bis kurz vor dem Sprechen andauerte. Der Sprecher legt besonderen Wert auf den Vorgang selbst, nicht auf das Resultat.
Er will die Dauer der Handlung besonders betonen.

Oft wird hierbei ein **Zeitraum** angegeben:
for 2 hours/for 6 weeks; since Monday/since last week etc.

The Blue Nickies

Sister: It has been raining since yesterday morning. When is it going to stop?
Brother: I don't know. Why are you asking?
Sister: Because I want to go to an open air concert this evening.
Brother: Who is performing?
Sister: The "Blue Nickies", a boy group. They're so cute.
Brother: Ah, I see. That's why you 've been collecting all the newspaper clips about them for weeks.
Sister: Sure. And I 've been listening to all their hits on the radio. You have to be well prepared for such an event, don't you?

It has been raining since yesterday morning.

Der Regen hat schon am Morgen des Vortages begonnen und hält immer noch an.
Die Schwester findet, dass es schon sehr lange regnet. Sie betont also die Dauer des Regens durch das *Present Perfect Progressive*.

That's why you've been collecting all the newspaper clips about them for weeks.

Der Bruder betont die Dauer des Sammelns (seit Wochen bis zum Zeitpunkt des Sprechens).
Deshalb steht hier das *Present Perfect Progressive*.

Lernschritt 2

So wird das *Present Perfect Progressive* gebildet:

	have been / **has been**	+ **Verbstamm** + **-ing**	
Beispiel:			
It	**has been**	**raining**	since yesterday morning.

→ Ordne die Sätze in der 1. Spalte den Sätzen in der 2. Spalte richtig zu.

A She has been sneezing and coughing all night.	**1** Now there is a large puddle on the floor.
B Your umbrella has been dripping in the bathroom.	**2** Go upstairs and have a look, too.
C Roger has been cutting the grass in our garden.	**3** Viola must have a terrible cold.
D We've been admiring the Alps from the balcony.	**4** Now he needs a rest and will get a nice cup of tea.

A - ______ B - ______ C - ______ D - ______

Lernschritt 3

→ Vervollständige folgende Gedanken.

1. They look exhausted.

   ____

   Schreibe, dass sie 8 Stunden im Flugzeug saβen.

2. "Oh dear, you're wet to the bone."

   ____

   Schreibe, dass du zwei Stunden lang ohne Schirm durch den Regen gelaufen bist.

3. "You've got such a nice flat. And everything is so clean and tidy."

   ____

   Schreibe, dass ihr heute den ganzen Vormittag aufgeräumt (tidy up) habt.

4. Mr Derrek knows Norwich very well.

Schreibe, dass er seit 5 Jahren dort Taxi fährt.

5. "You haven't solved the crossword puzzle yet?"

Schreibe, dass ihr schon eine Stunde daran arbeitet.

6. "Your English is excellent."

Schreibe, dass du (schon) 6 Jahre English lernst.

7. Does your friend know Germany well?

Schreibe, dass sie (schon) seit 2 Jahren in Köln (Cologne) lebt.

Lernschritt 4

Du hast nun typische Situationen kennen gelernt, in denen man das *Present Perfect Progressive* verwendet. Sowohl das *Present Perfect Progressive* als auch das *Present Perfect* werden benutzt, **wenn zum Zeitpunkt des Sprechens noch ein Bezug zur Tätigkeit besteht**.
Sicher fragst du dich nun: Und wann soll ich das eine, wann das andere anwenden? Das wollen wir nun klären. Schau dir folgende Situationen an.

1

I'm going to the garage to get some petrol.
I've been mowing the lawn.

2

I have mown the lawn.
Now it looks fine again.

→ Für welche Situation wurde das ***Present Perfect*** verwendet, ◯

für welche das ***Present Perfect Progressive***? ◯

Aktiv Vergangenheit *14. Present Perfect Progressive*

→ Schreibe nun auf, zu welcher Situation (siehe oben) folgende Sätze passen.

Ron ist gerade mit dem Mähen fertig geworden.
Er ist auf das **Ergebnis** seiner Arbeit stolz. ◯

Das Rasenmähen, also die **Handlung selbst**, wird betont. ◯

→ Schau dir auch folgendes Bild an und lies die drei Sätze, die Ron spricht.

1. I've been mowing the lawn for two hours.
2. I've mown the lawn all alone.
3. I've mown the lawn three times this month.

Welche Erklärung passt zu welchem dieser Sätze? Trage die richtigen Ziffern ein.

Ron spricht von dem Ergebnis seiner Arbeit (= ein fertig gemähter Rasen) und betont, was er geleistet hat. ◯

Ron spricht davon, wie oft er den Rasen diesen Monat gemäht hat. ◯

Ron betont, wie lange das Mähen gedauert hat.
Er spricht von der Handlung selbst. ◯

Aktiv Vergangenheit 14. *Present Perfect Progressive*

Lernschritt 5

→ Vervollständige nun die folgenden Merksätze. Wähle aus den Angaben im Kasten (siehe unten) jeweils die richtigen aus.

Das ***Present Perfect Progressive*** muss ich verwenden, wenn eine vergangene Handlung noch einen Bezug zur Gegenwart hat und …

____

____

Das ***Present Perfect*** muss ich verwenden, wenn eine vergangene Handlung noch einen Bezug zur Gegenwart hat und …

____

____

- … wenn der Sprecher betont, wie lange die Handlung gedauert hat
- … wenn der Sprecher betonen will, wie oft er etwas in der Vergangenheit getan hat
- … wenn der Sprecher das Ergebnis der Handlung betonen will
- … wenn der Sprecher die Handlung selbst hervorheben will

Lernschritt 6

→ Setze nun die Verben in den richtigen Zeitformen ein (***Present Perfect Progressive*** oder ***Present Perfect***).

1. She ______________________ (paint) all day, from early in the morning till late in the evening.
2. I ______________________ (study) the article for quite a time.
3. But I ______________________ (not find out) the gist of the story yet.
4. "You're here at last. We ______________________ (wait) for you since four o'clock."
5. "Sorry, I ______________________ (buy) a new dress."

Aktiv Vergangenheit 15. *Past Progressive*

Lernschritt 1

Das ***Past Progressive*** wird verwendet …

A … wenn gesagt wird, was zu einem ganz bestimmten Zeitpunkt in der Vergangenheit geschah.

B … wenn zwei Handlungen in der Vergangenheit gleichzeitig abgelaufen sind.

C … wenn während einer länger andauernden Handlung in der Vergangenheit ein anderes (plötzliches) Ereignis eintrat.

No lazy evening

Yesterday afternoon the Millers had a long walk along the beach. At 7 o'clock they [were standing] on the pier watching the beautiful sunset. They came home at 7:30 pm. After a quick meal Mr Miller [was reading the newspaper] and his wife [was taking a shower]. Then Mr Miller switched on the TV. He said, "Let's have a lazy evening today." When they [were] [watching] the evening news [the telephone rang]. Their neighbours invited them to play bridge with them. The lazy evening was cancelled.

At 7 o'clock they were standing on the pier.

Die Handlung geschah zu einem bestimmten Zeitpunkt.

Mr Miller was reading the newspaper and his wife was taking a shower.

Mr und Mrs Miller haben zur gleichen Zeit etwas getan.

When they were watching TV the telephone rang.

Das länger anhaltende Ereignis (watching TV) ist das Fernsehen. Es wird von einem plötzlichen Ereignis (the telephone rang) unterbrochen bzw. gestört. Beim länger anhaltendenden Ereignis benützt man die Form des ***Past Progressive*** (were watching) , beim unterbrechenden, Ereignis das ***past simple*** (rang).

Lernschritt 2

So wird das Past Progressive gebildet:

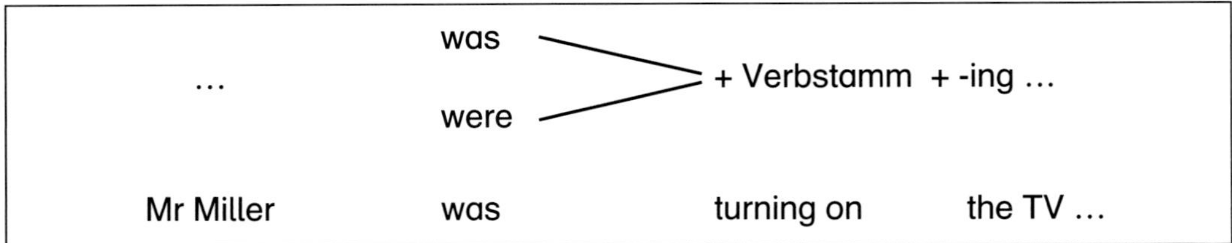

Lernschritt 3

→ Ergänze folgende Sätze mit der richtigen Verbform (*past progressive* oder *past simple*).
→ Entscheide zuvor, zu welcher Kategorie der Satz gehört: Zu A, B oder C?
→ Überprüfe deine Lösungen, bevor du mit der nächsten Übung weitermachst.

→ Trage A oder B in die Kreise ein.

→ Setze dann die Verben in der richtigen Zeitform ein.

◯ 1. Mr Morgan telefonierte gerade als ein Blitz den Baum traf (hit).

Mr Morgan ______________ when a flash of lightning ______________ the tree.

◯ 2. Ben trank eine Tasse Tee während sein Vater ein Sandwich aß.

Ben ______________ a cup of tea while his father ______________ a sandwich.

◯ 3. Wir gingen gerade nach Hause als es (plötzlich) zu regnen begann.

We ______________ when it ______________ to rain.

◯ 4. Was hast du gestern um diese Zeit getan?

What ______________ at this time of the day yesterday?

◯ 5. Sie sahen einen Unfall während sie auf den Bus warteten.

They ______________ the accident when they ______________ for the bus.

◯ 6. Gestern zwischen zwölf und halb eins saßen wir auf einer Bank im Park.

Yesterday, between twelve and half past one, we ______________ on a bench in the park.

Lernschritt 4

→ Setze die fehlenden Wörter ein.

1. Grandpa ________________ (read) a detective story ________________ William and Henry ________________ (play) with his cigarette lighter.

2. She ________________ (not take) the plane at 8:10 a.m. this morning.

3. Mr Carter ________________ (chop) wood ________________ his wife ________________ (cook) dinner.

4. I ________________ (hear) a loud bang ________________ I ________________ (have) a bath.

5. ________________ (watch) TV yesterday at 9 o'clock?

6. I ________________(have) a nice dream ________________ the alarm clock ________________ (ring).

Aktiv Vergangenheit 16. *Past Perfect Progressive*

Lernschritt 1

Das ***Past Perfect Progressive*** wird insbesondere dann verwendet,

A ... wenn von einer Folgerung die Rede ist, die erklärt, wie es zu einem Zustand durch ein Ereignis in der Vergangenheit kam.

B ...wenn über einen länger andauernden Vorgang in der Vergangenheit erzählt wird, der (plötzlich) unterbrochen wurde.

C ... wenn der Sprecher das, was jemand gesagt hat, bezweifelt.

The police inspector and his assistant

Inspector: John, what did you notice when you entered the Bransons' living room?

Assistant: Mrs Branson was sitting in her armchair. She was alone.
There were red stains on the table cloth and there were two empty wine glasses on the table. Apparently she and her husband had been drinking red wine.

Inspector: What had she been doing when her husband suddenly stood up and left the room?

Assistant: She said she had been watching TV.

Inspector Okay. So far so good. Now let's see what her husband tells us.

There were red stains on the table cloth and there were two empty wine glasses on the table. Apparently she and her husband had been drinking red wine.

Daraus, dass rote Flecken auf der Tischdecke waren (Zustand), folgert der Kriminalassistent, dass vorher Rotwein getrunken worden war.

What had she been doing when her husband suddenly stood up and left the room?

Hier wird nach einem länger dauernden Vorgang in der Vergangenheit gefragt, der durch eine neue Handlung unterbrochen wurde (Ehemann stand plötzlich auf).

She said she had been watching TV.

Der Assistent bezweifelt die Aussage der Frau. („She said ...": *Angeblich* hatte sie ferngesehen.) Sonst hätte er einfach gesagt: „She was watching TV."

Aktiv Vergangenheit 16. *Past Perfect Progressive*

Lernschritt 2

So wird das *Past Perfect Progressive* gebildet:

	had been	**+ Verbstamm +**	**-ing**
Beispiel:			
Robbie	**had been**	**fishing**	...

Lernschritt 3

Lies die folgenden Sätze.
→ Schreibe jeweils den fehlenden Satz hinzu.
→ Trage in den Kreis den Buchstaben A, B oder C ein, je nachdem, welcher Regelsatz aus Lernschritt 1 zutrifft.

Situation 1

Ricarda came home at five o'clock in the morning. She was feeling very tired.

(dance – all night)

____ ○

Schreibe, dass sie die ganze Nacht getanzt hatte.

Situation 2

I asked Roy where he had been.

(say – do homework – friend)

____ ○

Schreibe, dass er angeblich bei einem Freund Hausaufgaben gemacht hatte.

Situation 3

Yesterday it was quite hot, but there were some clouds in the sky. We went swimming in a lake.

(take off clothes – feel raindrops)

____ ○

Schreibe, dass ihr gerade eure Kleider auszogt, als du Regentropfen spürtest.

Aktiv Vergangenheit 16. *Past Perfect Progressive*

Lernschritt 4

Im letzten Lernschritt hast du gesehen, dass es von der Situation abhängt, ob das ***Present Perfect Progressive*** oder das ***Past Perfect Progressive*** verwendet werden muss.
Nun werden vier Situationen beschrieben.

→ Bilde die englischen Sätze und verwende die richtigen Zeiten.

1. Chris erzählt am Montag in der Schule, dass er und seine Mannschaft am Samstag Fußball spielten, als plötzlich ein Blitz in einen Baum einschlug.

   (play football – flash of lightning – strike tree)

   "On Saturday we ______________________________

   when suddenly a flash of lightning struck a tree."

2. Du erzählst, dass du gestern ganz früh in die Schule gingst. Alle Straßen waren weiß. Es hatte die ganze Nacht geschneit.

   (go to school – early in the morning – snow)

   "Yesterday I went to school very early in the morning. All the streets were white.

   It ______________________________."

3. Du telefonierst mit deinem englischen Freund in Liverpool. Du erzählst ihm, dass es bei euch schon drei Tage ununterbrochen *(continuously)* regnet.

   "It ______________________________."

4. Erzähle deinem Vater, dass du gestern einen Jungen getroffen hast, der behauptete, er habe eine halbe Stunde lang mit dem Premierminister gesprochen.

   "Yesterday I met a boy who said that

   ______________________________ to the Prime Minister for half an hour."

5. Sage deinem Freund, der gerade zur Tür hereinkommt, dass du nun seit zwei Uhr dasitzt und Hausaufgaben machst *(do)*.

"I ____."

Lernschritt 6

→ Und nun noch eine Situation, bei der du zwischen ***Past Progressive*** und ***Past Perfect Progressive*** wählen musst:

Sean erzählt seinem Freund, dass er (vor einigen Tagen) gerade ein Buch las, als es (plötzlich) läutete. Vor der Tür stand sein Cousin. Er hatte ihn 10 Jahre nicht gesehen.

"A couple of days ago ______________________________ when the doorbell rang.

My cousin ____.

I hadn't seen him for 10 years."

Aktiv Konditional

Mit dem ***Conditional*** drückt man aus, was unter bestimmten Bedingungen geschehen kann oder geschehen könnte. Man nennt solche Sätze „Bedingungssätze."

Im Englischen unterscheidet man das ***Conditional I*** und das ***Conditional II***. Sie werden in zwei verschiedenen Arten von Bedingungssätzen gebraucht.

Lies die folgenden vier Sätze. Sicher erkennst du schon selbst den Unterschied.

Conditional I

If you drive too fast, you may have an accident.
If we don't hurry up, we'll miss the bus.

Conditional II

If I were you, I would go to Edinburgh.
If I had a lot of money, I'd buy a villa. (I'd = Kurzform von *I would*)

→ Streiche bei folgenden zwei Sätzen die falschen Wörter im Rahmen durch.

- Das *Conditional I* verwendet man, wenn der Sprecher das Ereignis | als durchaus möglich | als unrealistisch | betrachtet.
- Das *Conditional II* verwendet man, wenn der Sprecher das Ereignis | als durchaus möglich | als unrealistisch | betrachtet.

Das Conditional wird meist in Verbindung mit einem Nebensatz mit ***if*** gebraucht.

Und nun sehen wir uns die beiden Arten von Bedingungssätzen genauer an.

Aktiv Konditional 17. *Conditional I*

Lernschritt 1

Das ***Conditional I*** wird verwendet,

A ... wenn ein Sprecher ein Ereignis unter bestimmten Umständen als wahrscheinlich ansieht.

B ... wenn etwas unter bestimmten Umständen immer wieder geschieht oder geschehen kann.

Oft wird hierbei ein **Zeitraum** angegeben:
for 2 hours/for 6 weeks; since Monday/since last week etc.

Being in time

Heather: It was a nice evening. Thanks for the biscuits.
I'm afraid I have to go now.
I promised to be home by 9 o'clock at the latest.
Lorina: Well, wait a minute.
I'll go and get the timetable.
Let me see.
If you leave right now, you 'll catch the 8.15 bus.
Heather: When is the next one?
Lorina: 30 minutes later.
Heather: Then I'd better take the 8.15.
My mother always panics if I come home later than promised.
Lorina: Okay, see you tomorrow.

If you leave right now, you'll catch the 8.15 bus.

Lorina ist *ziemlich sicher*, dass ihre Freundin den Bus um 8.15 erreicht, wenn sie jetzt gleich geht.
Es handelt sich um ein *einmaliges, realistisches* Ereignis.
In diesem Fall steht im Hauptsatz das ***will-Future*** *(will catch)*. Im *if*-Satz steht das Präsens.

My mother always panics if I come home later than promised.

Nicht nur heute, sondern *immer*, wenn Heather später als versprochen nach Hause kommt, macht sich ihre Mutter große Sorgen. Es handelt sich um ein *wiederholtes, reales* Ereignis.
Hier steht im Hauptsatz das ***Simple Present*** *(panics)*. Im *if*-Satz steht das Präsens.

Lernschritt 2

Die Satzstruktur lässt sich so darstellen:

if-Satz im **Simple Present**	bei **einmaligem** Ereignis: Hauptsatz im ***will-Future***
	bei **wiederholten** Ereignissen: Hauptsatz im ***Simple Present***
Beispiel:	
If he **takes** the car to the city,	he'**ll get** into a traffic jam. (→ today, now)
	he (always) **gets** into a traffic jam.

Streiche die falschen Wörter durch:

Im *if*-Satz steht [immer / manchmal / nie] ***will*** **+ Verb.**

Lernschritt 3

→ ***Entscheide*** zunächst bei folgenden Sätzen, ob es sich
A: um ein **einmaliges Ereignis** handelt oder
B: um etwas, was unter bestimmten Umständen **immer (wieder) so ist.**

→ Trage A oder B in die Kreise ein.

→ Setze dann die Verben in der richtigen Zeitform ein.

◯ 1. If the weather ______________ (be) fine,
we ______________ (go) swimming in the lake this afternoon.

◯ 2. If you ______________ (leave) the lights on day and night,
you ______________ (get) a big electricity bill.

◯ 3. If my uncle ______________ (not do) more sport, he ______________ (become) fatter and fatter.

◯ 4. If you ______________(come) to see me today, I ______________(be) happy.

Lernschritt 4

Man kann Bedingungssätze auch umstellen, sodass der Hauptsatz am Anfang steht und der *if*-Satz dahinter. Der Sinn ändert sich dabei nicht.

→ Setze bei den folgenden Sätzen zuerst die Verben in der richtigen Form ein.
→ Schreibe dann jeweils die andere Möglichkeit auf.

Beachte, dass bei Sätzen, die mit dem Hauptsatz beginnen, kein Komma vor dem if-Satz steht!

1. If people *need* some bread on Sunday afternoon, they go to a kiosk at the station.

   People go to a kiosk at the station if they need some bread on Sunday afternoon.

2. "Don't worry, Eric. If you ______________________ (try) your driving test now,

   you ______________________ (be) successful."

   Eric ____

   ____

3. "Take your time, Benny. You ______________________ (understand) this text

   if you ______________________ (read) it carefully."

   If Benny ____

   ____

4. "I ______________________ (forgive) you if you ______________________ (promise) to do that never again."

   If I ____

   ____

5. If people ______________________ (not buy) a ticket, they ______________________(have) to pay a fine.

   ____

   ____

6. Mr Winehouse is a responsible man. If he ______________________ (meet)

   his friends in a pub, he always ______________________ (go home) by taxi afterwards.

   ____

   ____

Aktiv Konditional — 18. Conditional II

Lernschritt 1

Das ***Conditional II*** wird verwendet,

A ... wenn man über unrealistische Gedanken und unerfüllbare Wünsche spricht.

B ... wenn man jemandem einen guten Rat gibt, z. B.: if I were you, I'd ...

C ... wenn man jemandem etwas vorwirft.

D **... wenn man jemanden um einen Gefallen bittet.**

In prison

Ray: Look, Philip, it's warm and sunny outside.

Philip: Yes. And if you weren't so silly, we [would lie] in the sun every day.

Ray: You mean I shouldn't have parked the car with the money right in front of the police station?

Philip: Exactly.

Ray: What [would you do] if they released you tomorrow?

Philip: Nonsense! We'll be eating mashed potatoes for another three years. But if I was free, I ['d take] the next plane to Hawaii.

Ray: If I were you, I ['d try] to get some money first.

Philip: Oh yes. It's just wishful thinking anyway.
I'm still hungry. It [**would be**] nice if you gave me a little bit of your mashed potatoes.

Ray: Okay, I don't like them anyway. They taste awful.
Can you give me some of your tea in return?

If you <u>weren't</u> so silly, we <u>would lie</u> in the sun every day.

Philip wirft seinem Kumpel vor, dumm zu sein. Er tut dies in Verbindung mit einem unrealistischen Gedanken: *If you weren't so silly ...* Ray ist aber tatsächlich dumm.

What <u>would</u> you <u>do</u> if they <u>released</u> you tomorrow?

Am nächsten Tag entlassen zu werden – das ist ein unrealistischer Gedanke!

<u>If</u> I <u>was</u> free tomorrow, <u>I'd take</u> the next plane to Hawaii.

Dieser Wunsch ist unerfüllbar!

Aktiv Konditional — 18. Conditional II

If I were you, I'd try to get some money first.

Dies ist ein guter Ratschlag auf der Basis eines unrealistischen Gedankens (wenn ich du wäre).

It would be nice if you gave me a little bit of your mashed potatoes.

Dies ist eine wirklich höfliche Bitte um einen Gefallen.

Lernschritt 2

Die Satzstruktur im *Conditional II* lässt sich so darstellen:

if-Satz im **Simple Past** + **Hauptsatz** mit **would ('d) + Verb** in der Grundform

Beispiel:

If he **played** centre forward, he'**d score** more goals.

If I **were/was** you, I'**d put on** a warm anorak today.

Beachte: Bei "to be" steht im *Conditional II* auch in der 1. und 3. Person Sg. **were**: *"If I were you …"*, *"If the waether were better …"* – **"was"** verwendet man hier nur in der Umgangssprache.

Streiche die falschen Wörter durch:

Im *if*-Satz steht immer / manchmal / nie **would ('d)**.

Aktiv Konditional — 18. Conditional II

Lernschritt 3

→ Übersetze.

1. Ich an deiner Stelle würde ihn nicht heiraten.

   If I were you, ______________________________

2. Was würdet ihr tun, wenn es zu regnen anfinge?

   ____

3. Wenn du nicht so viel rauchtest, hätten wir schon ein neues Auto.

   ____

4. Wenn du die Gebrauchsanweisung *(instructions)* lesen würdest, wären wir mit dem Bau des Regals *(shelf)* viel schneller fertig.

   ____

   ____

5. Wenn es nicht so kalt wäre, würden wir jetzt Eis essen.

   ____

Lernschritt 4

→ Vervollständige die Bedingungssätze.

1. I wouldn't mind living on the North Sea coast if the weather ______________ (be) better there.
2. We would buy this book if it ______________ (not be) so expensive.
3. If you ______________ (not live) in Canada, we ______________ (visit) you more often.
4. I ______________ (write) you an e-mail every day, if you ______________ (have) a computer.
5. I ______________ (wear) this blue dress if I ______________ (go) to the opera tonight.

Aktiv Konditional — 19. *Conditional II Progressive*

Lernschritt 1

Das ***Conditional II Progressive*** wird verwendet,

- ... wenn gesagt wird, was unter bestimmten Umständen getan würde.
  Häufig wird dabei eine Zeitspanne angegeben: all day long, every day, the whole week, in the summer etc.

Winter and summer activities

Patricia: Look, it's snowing again. Terrible, isn't it?
Michael: No, not at all. It's fine for skiing.
Patricia: You like skiing?
Michael: Yes, very much.
If I were rich, I ['d be skiing] every day in winter.
What about you? Do you like any winter sports?
Patricia: Not so much. I prefer the summer and dry weather.
If I didn't work, I ['d be lying] on the beach every day.
Michael: Wouldn't that be a bit boring?
Patricia: No, I'd go swimming, surfing and sailing, too.

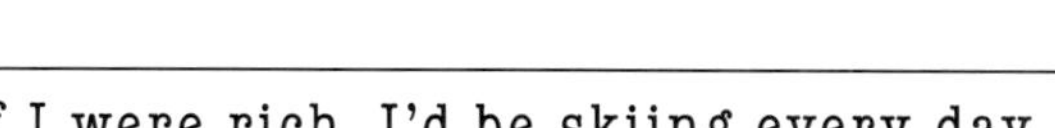

If I were rich, I'd be skiing every day.

Michael sagt, dass er jeden Tag Ski fahren würde, wenn er reich wäre.
Er könnte dies aber auch folgendermaßen sagen: *If I were rich, I'd ski every day.*

If I didn't work, I'd be lying on the beach every day.

Patricia sagt, dass sie den ganzen Tag am Strand liegen würde, wenn sie nicht arbeiten müsste.
Sie könnte aber auch sagen: *If I didn't work, I'd lie on the beach every day.*

Aktiv Konditional 19. *Conditional II Progressive*

Lernschritt 2

Die Satzstruktur lässt sich so darstellen:

if-Satz im **Simple Past**	+ **Hauptsatz** mit **would be + Verbstamm + -ing**
Beispiele:	
If we **had** enough time,	we **would be playing** chess every afternoon.
If I **were/was** eighteen,	I'**d be going** out at night every weekend.

Lernschritt 3

→ Ergänze den gleichen Satz im ***Conditional II*** bzw. im ***Conditional II Progressive***. Beides ist im Wesentlichen bedeutungsgleich.

1. If I had a voice like Elvis, I'd be singing the whole day.

   … ____.

2. If I was bad at Maths, I'd study every afternoon.

   … ____.

3. They'd ride their horses every day if they lived in the country.

   ____ …

4. Patrick would be visiting his mother every weekend if she didn't live so far away.

   ____ …

Aktiv Konditional — 20. Conditional Perfect

Lernschritt 1

Das ***Conditional Perfect*** verwendet man,

A … wenn man Zusammenhänge, die in der Vergangenheit liegen, erklären will.

B … wenn man jemandem etwas vorwirft, was er früher einmal getan – oder nicht getan – hat.

C … wenn man über etwas spricht, was man in der Vergangenheit getan – oder nicht getan – hat und was man nun bereut.

A bike accident

Nadia: Sorry to see you here in hospital. How are you, Barry?
Barry: Thanks, I'm better. But the doctors are a bit worried about my headaches.
Nadia: How did the accident happen?
Barry: Well, I admit, it was my fault. If I had not gone so fast, I [would have been] able to stop in time.
Nadia: Why were you riding so fast?
Barry: I was a bit late for school.
Nadia: Were you wearing a helmet?
Barry: No, unfortunately not. My brother had taken it that day.
Nadia: I'm sure if you had worn your helmet, the accident [would not have been] so serious.
Barry: Maybe you're right. But there's something else.
Nadia: What's that?
Barry: My brakes weren't working properly. If I had repaired them, the accident [would not have happened] at all. I wanted to repair them the day before, but I couldn't manage it.
Nadia: I see. So that's the main reason.
Barry: The doctors think I can go home from hospital next Friday. Thank goodness! I'll take my bike to the bike repair shop at once.
Nadia: No, Barry, that's not necessary. Your bike is smashed up. But we've started a collection in our class to get a new bike for you.
Barry: Oh, that's very nice of you.

Aktiv Konditional — 20. Conditional Perfect

If I had not gone so fast, I would have been able to stop in time.

Barry erklärt die Ursache für seinen Unfall. Er meint, dass er schneller hätte anhalten können, wenn er langsamer gefahren wäre.

If you had worn your helmet, the accident would not have been so serious.

Nadia macht ihm den Vorwurf, dass alles nicht so schlimm gewesen wäre, wenn er seinen Helm getragen hätte.

If I had repaired them, the accident would not have happened at all.

Barry bereut, dass er die Bremsen nicht am Tag zuvor repariert hat (bzw. reparieren ließ).

Lernschritt 2

Die Satzstruktur lässt sich so darstellen:

if … **Verb** im **Past Perfect**	… **would/could + have**	**+ Verb (Past Participle)**	
Beispiel:			
If I **had known** the man,	I **would have**	**lent**	him my bike.

Streiche die falschen Wörter durch:

Im *if*-Satz steht immer / manchmal / nie **would ('d)** oder **could**.

Lernschritt 3

→ Übersetze.

1. Wenn Helen die Prüfung bestanden hätte, wäre sie in Urlaub gefahren.

____

____

2. Er wäre mit dem Zug gefahren, wenn er gewusst hätte, dass sein Flugzeug zwei Stunden Verspätung haben würde.

3. Wenn du in der Nacht geschlafen hättest, wärst du während der Fahrt nicht so müde gewesen.

4. Wenn sie ihre Mäntel angezogen hätten, hätten sie keine Grippe bekommen *(catch the flu)*.

5. Wenn ich ein billigeres Auto gekauft hätte, hätte ich mit dir nach Madrid fliegen können.

6. Wenn ich diese Aufgabe hätte lösen (solve) können, hätte ich eine bessere Note *(mark)* bekommen.

Lernschritt 4

→ Bilde hier entsprechende Sätze im *Conditional Perfect*.

1. Raymond got up at 11 o'clock. The gallery closed at 12 o'clock.

   If Raymond hadn't got up so late, he could have visited the gallery.
   (Oder: If Raymond had got up earlier, he could have gone to the gallery.)

2. He drank a lot last night. On the way home the police stopped him and took his driving licence away.

3. Lewis gave Frank £ 10,000. Frank ran away with the money. Lewis had not known him good enough.

4. Mr Scott forgot his passport and had to return half way back to his house. So the whole family missed their plane.

____

____

5. Teresa wasn't at school yesterday. She was ill. So her friend couldn't give her an invitation to her birthday party.

____

____

Aktiv Konditional *21. Conditional Perfect Progressive*

Lernschritt 1

Das ***Conditional Perfect Progressive*** wird verwendet,

- ... wenn man sagen möchte, dass zu einem *bestimmten Zeitpunkt in der Zukunft* etwas der Fall wäre, wenn nicht in der *Vergangenheit* ein bestimmtes Ereignis eingetreten wäre.

Football players

David: Hello Gordon. Nice to hear that you're back for a short holiday in good old London. What are you doing this evening?

Gordon: This evening? I'm going to watch the match between Man U and Chelsea.

David: You're still missing your former team, aren't you?

Gordon: Of course I am.

David: You played a long time for Chelsea, didn't you?

Gordon: Yes. *Next month* I would have been playing for them for 10 years *if* they *had not sold* my contract to Juventus Torino six months ago.

David: I heard you got quite a lot of money.

Gordon: Well, not as much as the club.

David: Never mind. What about going to the P1 Club tonight with some of your old friends?

Gordon: Not a bad idea. I'll pop in after the match.

Next month I would have been playing for them for 10 years if they had not sold my contract to Juventus Torino *six months ago.*

Gordon sagt, dass er in einem Monat (Zeitpunkt) 10 Jahre lang für FC Chelsea gespielt hätte, wenn ihn der Verein nicht vor sechs Monaten (Vergangenheit) an Juventus Turin verkauft hätte.

21. *Conditional Perfect Progressive*

Lernschritt 2

Die Satzstruktur lässt sich so darstellen:

... would/could + have been + Verbstamm + -ing ...
if ... + had + Past Participle

Beispiel:

In three weeks I **would have been working** here *for 2 years,*
if they **hadn't sacked** me *last week.*

Lernschritt 3

→ Setze die fehlenden Wörter ein.
Bedenke, dass **im if-Satz** (Nebensatz) **nie ein „would"** vorkommen darf.

1. A week from tomorrow my daughter ____________________ (live) in London for seven years if she ____________________ (get) that fantastic job in San Francisco last month.

2. In August Mrs Natisco ____________________ (sing) at the Metropolitan Opera for 15 years ____________________ (become) ill last winter.

Lernschritt 4

→ Übersetze, indem du den Satz im ***Conditional Perfect Progressive*** bildest.

Mrs Palmer hätte nächsten Monat 25 Jahre an dieser Schule unterrichtet, wenn sie nicht letztes Jahr in den Ruhestand *(retire)* gegangen wäre.

Next month Mrs Palmer ____

____

Passiv

Lernschritt 1

Das **Passiv** wird dann verwendet, wenn unbekannt oder unwichtig ist, *wer* eine Handlung ausführt („Täter").

1. Thousands of books **are written** every year.

   But this is a special one.

2. It **was written** in 1949.

Man kann allerdings den „Täter" mit Hilfe von "by" hinzufügen.

1. Thousands of books are written every year **by** numerous authors.

   But this is a special one.

2. It was written **by** George Orwell.

In dieser kurzen Einleitung hast du nun schon die zwei wichtigsten Satzstrukturen des Passivs kennen gelernt:
*die Struktur des **Present Simple Passive*** und die des ***Past Simple Passive***.
Du erfährst später noch mehr darüber.

→ Welche zwei Wörter zeigen dir in Satz 1 und 2, ob es sich um die Gegenwartsform oder um die Vergangenheitsform handelt?

____

Der Gebrauch der Zeiten im Passiv entspricht grundsätzlich dem im Aktiv.

Im Folgenden werden zusätzlich einige Sonderbedeutungen aufgeführt.

Passiv Gegenwart 22. *Present Simple Passive*

Lernschritt 1

Das ***Present Simple Passive*** wird verwendet,

A ... wenn etwas immer wieder getan wird.

B ... wenn über jemanden etwas gesagt oder vermutet wird.

C ... wenn gesagt wird, was getan werden soll oder muss.

D **... wenn gesagt wird, wie sich etwas handhaben lässt.**

Lernschritt 2

Familie Mailer hat neue Nachbarn bekommen: die Millers. Sie kennen bisher nur ihren Namen, haben aber noch nicht mit ihnen gesprochen. Dafür haben sie schon allerlei über sie gehört.

→ Bilde nach dem angegebenen Satzmodell englische Passivsätze.

I, he/she/it **is**
you, we, they **are** 〉 **said to + Verb in der Grundform**

Beispiel:

The Millers **are** **said to come** from Northern Germany.
(Die Millers sollen aus Norddeutschland kommen.)

1. Mr Miller soll in einer Autowerkstatt arbeiten. ◯

   Mr Miller ______________________________

2. Mrs Miller soll Lehrerin sein.

   Mrs Miller ______________________________

3. Sie sollen vier Kinder haben.

They ______________________________

4. Sie sollen einen Wohnwagen besitzen.

They ______________________________

Lernschritt 3

Mr Mailer hat ein neues Auto gekauft. Mrs Mailer macht eine Probefahrt und ist ganz begeistert.

Schau dir das Satzmodell und den Beispielsatz genau an. Hier wird gesagt, was getan werden kann (Passiv), es wird aber ausgedrückt durch eine Aktiv-Konstruktion.

...	**Verb (Present Simple Active!)**	**+ Adverb**
Beispiel:		
The car	**steers**	very **easily**.
(Der Wagen lässt sich leicht steuern.)		

→ Übersetze.

Mr Mailer: What do you think about our new car?

Mrs Mailer:

1. Die Sitze lassen sich leicht verstellen *(adjust)*.

____

2. Der Kofferraum ist groß und lässt sich leicht beladen *(load)*.

____

3. Die Geschwindigkeit lässt sich gut ablesen.

____

4. Der Dachträger (roof rack) lässt sich leicht montieren (mount).

____

Man kann diese vier Sätze natürlich auch mit einer Verbform im **Passiv** übersetzen:

The car **steers** easily. → The car **can be steered** very easily.

→ Versuche es nun selbst.

1a. The seats ____

2a. The boot is large and ____

3a. The speedometer ____

4a. The roof rack ____

Lernschritt 4

Die Mailers fahren, wie jedes Jahr, für drei Wochen zu ihren Verwandten aufs Land. Diesmal natürlich mit ihrem neuen Auto. Jedes Jahr, bevor sie aufbrechen, werden wichtige Vorbereitungen getroffen.

Schau dir das Satzmodell und den Beispielsatz an. Übersetze dann die sechs Sätze.

I, he/she/it	**is**	**Verb (Past Participle)**	…
you, we, they	**are**		

Beispiel:

The cat **is** **taken** to some friends.
(Die Katze wird zu Freunden gebracht.)

1. Der Schmuck *(jewellery)* wird im Safe aufbewahrt *(to keep)*.

____

2. Alle Blumen werden auf den Balkon gebracht.

____

3. Die Pässe werden überprüft, um zu sehen, ob sie noch gültig sind.

____

4. Die Zeitung wird abbestellt *(interrupt the delivery of the newspaper)*.

____

5. Die Wohnung wird abgeschlossen.

____

6. Ein Schlüssel wird den Nachbarn gegeben.

____

Lernschritt 5

Inzwischen haben sich die Mailers mit den Millers schon gut angefreundet. Die Millers erklären sich bereit, die Wohnung und den Garten der Mailers während ihrer Abwesenheit zu betreuen. Das ist nicht so schnell erledigt.

→ Studiere zunächst das Satzmodell und den Beispielsatz.
→ Ergänze danach die einzelnen Sätze.

… **must/should** + **be** + **Verb (Past Participle)**
Beispiel:
The mail **must** **be** **taken** out of the letterbox.

1. Die Zimmer sollten einmal in der Woche gelüftet werden (air).

The rooms ____

2. Die zwei Kaninchen müssen jeden Abend gefüttert werden.

3. Der Rasen sollte nach zwei Wochen gemäht werden.

4. Die Blumen auf dem Balkon müssen jeden Tag gegossen werden *(water)*.

Lernschritt 6

→ Lies in **Lernschritt 1** noch einmal nach, wann das Present Simple Passive benutzt wird. Trage danach die Buchstaben **A bis D** richtig in die Kreise ein, die dir in Lernschritt 2 bis 5 sicher schon aufgefallen sind.

Passiv Gegenwart *23. Present Progressive Passive*

Lernschritt 1

Das ***Present Progressive Passive*** wird benutzt,

A ... wenn etwas im Augenblick des Sprechens getan wird.

B ... wenn ein längerer Vorgang gerade ausgeführt oder geplant wird.

Lernschritt 2

Reception

Nachdem Familie Mailer auf ihrer Fahrt nach Frankreich unterwegs einmal übernachtet hat, kommen sie am nächsten Tag schon gegen 11 Uhr früh in ihrem Hotel an. Leider können sie noch nicht ihr Zimmer beziehen. Aber lange kann es nicht mehr dauern, weil die Reinigungskräfte schon dort arbeiten. Der Portier sagt, was gerade gemacht wird.

→ Schau dir den Mustersatz an und bilde entsprechend die Sätze.

I he/she/it you, we, they	**am** **is** **are**	} +	**being**	+	**Verb (Past Participle)**
Beispiel:					
The room	**is**		**being**		**cleaned** right now.

1. *The beds* ____. (beds/make)
2. ____. (a window/repair)
3. ____. (bathroom/clean)
4. ____. (room/air out)
5. ____. (stains on the carpet/remove)
6. ____. (minibar/check)

Passiv Gegenwart *23. Present Progressive Passive*

Lernschritt 3

Während die Mailers in der Hotelhalle warten, kommt der Hotelmanager vorbei.
Er erzählt ihnen, was an ihrem Urlaubsort und in ihrem Hotel alles geplant ist.

→ Setze die Verbform richtig ein.

Der Hotelmanager erzählt ...

1. ... dass in der Nähe ein Flughafen gebaut wird. ◯

   An airport is being built nearby.

2. ... dass das Hotel den Einbau von Lärmschutzfenstern plant.

   The installation of soundproof windows ______________________________

3. ... dass der Hotelparkplatz erweitert *(extend)* wird.

   The hotel car park ______________________________

4. ... dass gerade ein Internetcafé eingerichtet *(set up)* wird.

   An internet ______________________________

5. ... dass eine Solaranlage auf dem Dach installiert *(install)* wird.

   A solar heating system ______________________________

Lernschritt 4

→ Lies noch einmal Lernschritt 1 und setze dann die Buchstaben A und B richtig in die Kreise bei Lernschritt 2 und 3 ein.

Passiv Zukunft — 24. *will-Future Passive*

Lernschritt 1

Das ***will-Future Passive*** wird benutzt,

- wenn man sagen möchte, was mit Personen oder Gegenständen in der Zukunft getan wird.

Lernschritt 2

So wird das ***will-Future Passive*** gebildet:

…	**will be**	**+ Verb (Past Participle)** …	
Beispiel:			
Your new TV	**will be**	**delivered**	at nine o'clock tomorrow morning.

Die Mailers wollen am folgenden Tag an einem Ausflug in die Schweiz teilnehmen. Am Abend treffen sie sich mit ihrem Reiseleiter. Er sagt ihnen, was sie erwartet.

→ Schreibe auf, was der Reiseleiter sagt.

1. Sie werden um 6 Uhr früh mit einem Anruf *(early morning call)* geweckt *(wake up)*.

   You'll ______________________________

2. Ihr Frühstück wird in Ihrem Zimmer serviert.

   ____

3. Sie werden vor dem Hotel von einem Minibus abgeholt *(pick up)*.

   ____

4. Sie werden von einem Reisebus in die Schweiz gebracht.

   ____

5. Im Bus werden Snacks und kalte Getränke serviert.

   ____

6. Sie werden einige Sehenswürdigkeiten und die schöne Natur gezeigt bekommen.

   ____

Passiv Zukunft — 25. *going-to-Future Passive*

Lernschritt 1

Mit dem ***going-to-Future Passive*** wird ausgedrückt,

- was mit einer Person oder einem Gegenstand in der Zukunft getan wird.

Der wesentliche Unterschied zwischen der Verwendung des ***will-Future Passive*** und des ***going-to-Future Passive*** besteht darin, dass das *will-Future Passive* verbindlicher, persönlicher, also auch freundlicher klingt.
Das *going-to-Future Passive* wird vor allem dann verwendet, wenn über ein Ereignis in der Zukunft sachlich neutral gesprochen wird oder wenn ein solches Ereignis angekündigt wird. Man erwartet hier keinen Widerspruch.

Lernschritt 2

So wird das ***going-to-Future Passive*** gebildet:

I	**am**					
he/she/it	**is**	**going to**	**+**	**be**	**+**	**Verb (Past Participle)**
you, we, they	**are**					
Beispiel:						
Mrs Mitchell's TV	**is**	**going to**		**be**		**delivered** tomorrow.

→ Der Chef des Reiseleiters von Familie Mailer *(travel agent)* sagt seinem Angestellten, was mit den Reisenden am kommenden Tag zu tun ist.

→ Vervollständige die Sätze.

Travel guide: What's going to happen tomorrow?

Travel agent: All our guests *are going to be taken* to Switzerland at 7 o'clock.

Travel guide: We'll start very early and not all of them will have an alarm clock.

Travel agent: They ______________________________ (wake up) at 6 o'clock by telephone.

Travel guide: I'm afraid the restaurant won't be open then.

Travel agent: You're right. Breakfast ______________________ (serve) in their rooms.

Travel guide: How will they get to the meeting point?

Travel agent: They ______________________ (take) there by minibus.

Travel guide. And then?

Travel agent: They ______________________ (take) to Switzerland on a modern coach.

Travel guide: It's quite a long journey. Will they get packed lunches?

Travel agent: No, that's not necessary. Little snacks and cold drinks ______________________ (serve) on the way.

Travel guide: What about sightseeing?

Travel agent. They ______________________ (show) some sights and the beautiful nature.

Lernschritt 3

→ Entscheide bei folgenden beiden Situationen, ob eher das *will-Future Passive* oder das *going-to-Future Passive* angebracht ist.
→ Streiche die falsche Zeit durch und vervollständige den Satz.

Mr Settler befindet sich im Krankenhaus und soll operiert werden.

Situation 1:
In der Ärztebesprechung wird der Termin für die Operation festgelegt.
Der Oberarzt sagt, dass Mr Settler am nächsten Donnerstag operiert wird.

Hier passt eher das ***will-Future Passive*** / das ***going-to-Future Passive***.

"Mr Settler ______________________ (operate on) next Thursday."

Situation 2:
Bei der Arztvisite fragt Mr Settler nach seinem Operationstermin. Der Arzt antwortet:

"You ______________________ (operate on) next Thursday."

Hier passt eher das ***will-Future Passive*** / das ***going-to-Future Passive***.

Lernschritt 4

→ Entscheide auch in folgenden Situationen.

Situation 1:
Alle 10. Klassen einer Schule sollen einen gemeinsamen Test schreiben. Nach einer kurzen Diskussion im Lehrerkollegium legt der Direktor den Termin fest: den 10. Dezember.

The test ______________________________ (write) on 10th December.

Hier passt eher das das ***will-Future Passive*** / das ***going-to-Future Passive***.

Situation 2:
Die Fachlehrer verkünden kurz darauf in den Klassen den Termin.

Our test ______________________________ (write) on 10th December.

Hier passt eher das ***will-Future Passive*** / das ***going-to-Future Passive***.

Passiv Vergangenheit **26. Past Simple Passive**

Lernschritt 1

Das ***Past Simple Passive*** wird gebraucht,

A … wenn berichtet wird, was mit Personen oder Dingen in der Vergangenheit geschah bzw. getan wurde.

B … wenn man sagt, was jemand in der Vergangenheit bekommen hat (… was given, … was offered, etc.).

C … wenn man sagt, was man (nicht) tun durfte.

Vergangenen Freitag brach bei einer Explosion in einer Fabrik ein Feuer aus.

Lernschritt 2

→ Lies zuerst das Satzmodell und den Beispielsatz.

I, he/she/it	**was**	**Verb (Past Participle)** …
you, we, they	**were**	

Beispiel:

The explosion **was** **heard** a kilometre away.

→ Und nun übersetze.

1. Die Alarmanlage *(alarm system)* wurde sofort von einem Arbeiter ausgelöst *(release)*.

____

____

2. Die Feuerwehr wurde sofort von einem Anwohner *(nearby resident)* gerufen.

____

____

3. Die Straße wurde sofort von der Polizei abgesperrt *(cordon off)*.

4. Das Feuer wurde mit Schaum *(foam)* bekämpft.

5. Das Feuer wurde nach kurzer Zeit gelöscht *(extinguish)*.

Lernschritt 3

→ Studiere zunächst das Satzmodell und das Satzmuster. Übersetze dann.

I, he/she/it	**was (n't)**	**allowed to + Verb (Grundform)** …
you, we, they	**were (n't)**	

Beispiel:

The plant fire brigade **wasn't** **allowed to** **fight** the fire with water.

Über Lautsprecher und das Radio wurde den Leuten gesagt, was sie tun durften und was nicht:

1. Passanten *(passers-by)* durften vor der Fabrik nicht stehen bleiben und zuschauen.

2. Den Leuten in den umliegenden *(surrounding)* Häusern wurde nicht erlaubt, die Fenster zu öffnen.

3. In der Nähe der Fabrik war es den Menschen nicht erlaubt zu rauchen.

4. Die Leute durften nicht filmen oder fotografieren.

5. Die Zufahrt *(access road)* zur Fabrik durfte nicht blockiert *(block)* werden.

Passiv Vergangenheit 26. *Past Simple Passive*

Lernschritt 4

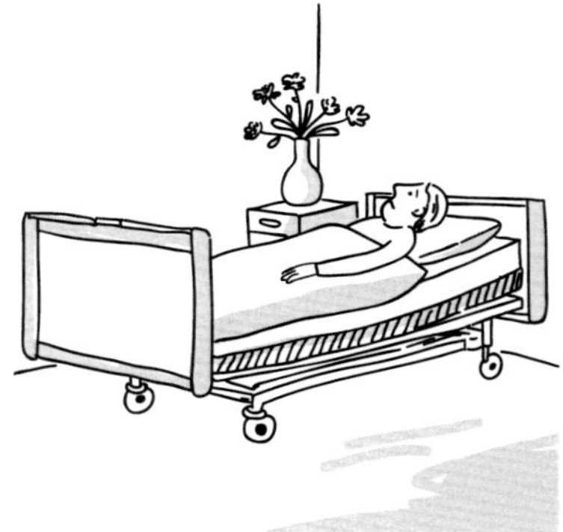

Der Mitarbeiter, der geistesgegenwärtig die Alarmanlage ausgelöst hatte, wurde mit einer Rauchvergiftung ins Krankenhaus eingeliefert.

→ Schau dir bitte das Satzmodell an und lies den Beispielsatz.

I, he/she/it	**was**	**given**	(gegeben)
		offered	(angeboten)
you, we, they	**were**	**promised**	(versprochen)

Beispiel:

He **was** **given** an infusion at once.

→ Übersetze dann die folgenden Sätze.

1. Ihm wurde ein großer Strauß Blumen überreicht. ◯

___

2. Ihm wurde eine Belohnung versprochen.

___

3. Ihm und seiner Frau wurde eine Kurzreise *(trip)* nach Paris angeboten.

___

Lernschritt 5

→ Schau dir die Lernschritte 2 bis 4 noch einmal an: Warum wurde hier das *Past Simple Passive* benutzt? Trage entsprechend den Informationen in Lernschritt 1 die Buchstaben **A, B** oder **C** in die Kreise ein.

Lernschritt 6

I am born in Frankfurt.

Dieser Satz enthält einen **Fehler**. Erkennst du ihn? Dann kannst du ihn korrigieren.

Achtung: Im Englischen benutzt man hier das *Past Simple Passive.*
Man sagt also richtig:

"I was born in Frankfurt."

Im Deutschen könnte man das so wiedergeben:

„Ich **wurde** in Frankfurt geboren."

Wir können aber auch sagen: „Ich bin … geboren." Dies ist im Englischen nicht möglich. Damit du es dir besser einprägen kannst, findest du hier noch einige Übungen.

→Setze die fehlenden Wörter ein: *was/wasn't born, were/weren't born*

George and his relatives

George has lived in Washington DC for 20 years, but he ____________________ (1) there.

He ____________________ (2) in Texas. All his relatives ____________________ (3) in Texas.

Lernschritt 7

→ Übersetze diesen Text.

Robertas Geburtstag

Roberta spricht fließend Deutsch, weil ihre Eltern in Deutschland geboren sind. Sie ist aber in Frankreich geboren worden und lebt dort seit ihrer Geburt. Sie ist am gleichen Tag geboren wie Napoleon, nur 200 Jahre später.
Sie fährt oft mit ihrem Mann nach Österreich, da dieser dort geboren wurde.

____

____

____

____

____

Passiv Vergangenheit 26. *Past Simple Passive*

Lernschritt 8

→ Übersetze auch diesen Text.

Weißt du, wann Napoleon geboren ist? Sein Geburtstag wurde am 15. August gefeiert. Er wurde im Jahr 1769 in Ajaccio geboren.

Mit *"born"* wird also immer das *Past Simple Passive* benutzt.

Es gibt nur eine Ausnahme:

In der Weihnachtsgeschichte kommt der Engel auf die Erde herab und verkündet den Hirten die Geburt Jesu:

Jesus Christ **is born** in Bethlehem.

Hier steht das ***Present Simple Passive***. Der Engel drückt aus, dass Jesus zu uns *auf die Welt gekommen* ist.

Passiv Vergangenheit 27. *Past Progressive Passive*

Lernschritt 1

Das ***Past Progressive Passive*** wird verwendet,

- wenn erzählt wird, was mit einer Person oder einem Gegenstand zu einem ganz bestimmten Zeitpunkt in der Vergangenheit geschah.

Erinnerst du dich noch an die Familie Mailer? Das ist die Familie, die in ihrem Hotel in Frankreich ankam und warten musste, bis das Zimmer für sie hergerichtet war.

Nach dem Urlaub erzählt Herr Mailer seinem Arbeitskollegen davon.

→ Studiere sorgfältig den Modellsatz.

I, he/she/it **was** \
you, we, they **were** / **being + Verb (Past Participle)** …

Beispiel:

Our room **was** **being** **cleaned** while we were sitting in the lobby.

→ Und nun übersetze.

1. Die Betten wurden gemacht.

   ____

2. Das Bad wurde geputzt, während wir uns mit dem Hotelmanager unterhielten *(talk)*.

   ____

   ____

3. Ein Fenster wurde repariert.

   ____

4. Flecken auf dem Teppich wurden entfernt.

   ____

5. Die Minibar wurde kontrolliert.

   ____

Man kann sagen, dass das ***Past Progressive Passive*** besonders dann gerne verwendet wird, wenn eine zweite Handlung parallel ablief oder wenn plötzlich ein weiteres Ereignis eintrat.

Passiv Vergangenheit *28. Present Perfect Passive*

Lernschritt 1

Das ***Present Perfect Passive*** wird verwendet

A ... wenn erzählt wird, was mit einer Person oder einem Gegenstand in der Vergangenheit geschah, und wenn das Ergebnis dieses Geschehens immer noch erkennbar ist.

B ... wenn man eine Vermutung über jemanden oder etwas ausspricht. Auch hier sind (noch) Anzeichen des Geschehens erkennbar.

Lernschritt 2

Hier ist das Satzmodell A für das ***Present Perfect Passive***.

...	**has/have been**	**+ Verb (Past Participle)** ...	
Beispiel:			
The driver	**has been**	**injured**	in the accident.

Das Satzmodell B sieht folgendermaßen aus:

...	**might have been**	**+ Verb (Past Participle)** ...	
Beispiel:			
The dog	**might have been**	**forgotten**	at the picnic area.

Statt ***might*** können auch die Hilfsverben ***could*** oder ***must*** verwendet werden.

Lernschritt 3

Mrs White war zur Entbindung im Krankenhaus. Als sie nach drei Tagen mit ihrem Baby nach Hause kommt, ist sie ganz schön erstaunt:

"What a surprise! The windows have been cleaned!"

Was sagt Mrs White, als sie sieht,

1. ... dass die Teppiche gesaugt sind?

   "The carpets ______________________________!" (vacuum)

2. ... dass die Wäsche gewaschen ist?

"The laundry ______________________________!"

3. ... dass der Geschirrspüler repariert ist?

"The dishwasher ______________________________!"

4. ... dass das Babybettchen hergerichtet ist?

"The crib for the baby ______________________________!" (prepare)

Lernschritt 4

Mrs White ist richtig glücklich. Etwas nachdenklich wird sie jedoch, als ihr Blick auf die Katze ihrer Tochter Amy fällt. Sie liegt mit einem geschienten Vorder- und Hinterbein in ihrem Körbchen. Was ist ihr wohl zugestoßen?

→ Schreibe Mrs Whites Vermutungen auf.

1. Vielleicht wurde sie von einem Hund gebissen.

   She might have been bitten by a dog.

2. Vielleicht wurde sie von einem Auto angefahren. *(run over)*

   ____

3. Vielleicht ist sie von einem Nachbarn verletzt worden.

   ____

Passiv Vergangenheit *29. Past Perfect Passive*

Lernschritt 1

Das ***Past Perfect Passive*** wird benutzt,

- wenn man ausdrücken möchte, dass einem Ereignis in der Vergangenheit ein anderes Ereignis vorausging, das in der Passivform geschildert wird.

Lernschritt 2

Studiere zunächst das Satzmodell und den Beispielsatz.

...	**had been**	**+ Verb (Past Participle)** ...	
Beispiel:			
The cat	**had been**	**taken**	to some friends.

Lernschritt 3

Hier erinnern wir uns wieder einmal an die Familie Mailer.
Bevor sie in Urlaub fuhren, mussten zu Hause noch verschiedene Arbeiten verrichtet werden.

→ Bilde nach folgendem Beispiel Sätze im *Past Perfect Passive.*

1. They put the jewellery into the safe before they left.

   The jewellery *had been put* into the safe before they left.

2. One of the children put all the plants on the balcony.

   All the plants ______________________________.

3. Mr Mailer interrupted the delivery of the newspaper.

   The newspaper delivery ______________________________.

4. Sie schlossen ihre Wohnung ab.

   ____

5. Sie gaben die Schlüssel ihren Nachbarn.

   ____

Passiv Vergangenheit 29. *Past Perfect Passive*

Lernschritt 4

Zur Erinnerung: Bei der Verwendung des *Past Simple Passive* wird betont, dass ein Ereignis vor einem anderen eintrat.

Beispiele:

Past Simple Passive:
The lights *were switched off* and a loud noise was heard.

Past Perfect Passive:
The lights *had been switched off* when a loud noise was heard.

→ Entscheide bei den folgenden Situationen, ob du das *Past Perfect Passive* verwenden musst – oder eine andere Zeit im Passiv.
→ Verwende gegebenenfalls die passende Zeit des Passivs.

1. Der Löwe im Tierpark wurde operiert. Vorher wurde ihm eine Beruhigungsspritze gegeben.

   A tranquilizer ______________________ *before* ______________________.

   Oder:

   The lion ____.

2. Das erste McDonald's-Restaurant wurde im Jahr 1940 eröffnet.

   The first ____.

3. Der Bankräuber wurde gefilmt, während er den Safe ausräumte *(clear out)*.

   The bank robber ____.

4. Alle Spieler waren überprüft worden, bevor sie das Spielfeld betreten durften.

   All players ____.

Passiv Konditional — *30. Conditional Passive*

Lernschritt 1

Es gibt drei Formen des Passivs für das *Conditional*:

- ***Conditional I Passive***
- ***Conditional II Passive***
- ***Conditional Perfect Passive***

Hier findest du eine Übersicht zum Gebrauch und zur Bildung dieser Zeitformen. Studiere sie sorgfältig, damit du die folgenden Aufgaben gut lösen kannst.

(1) Das ***Conditional I Passive*** wird benutzt, wenn gesagt wird, was unter bestimmten Voraussetzungen mit einer Person oder einem Gegenstand gemacht wird.

Satzstruktur:

***if*-Satz** im **Simple Present** **+** **Hauptsatz** mit **will be + Verb (Past Participle)**

Beispiele:

If they **have** a free seat, you **will be invited** to their garden concert.
If there **is** some food left, it **will be fed** to the pigs.

(2) Das ***Conditional II Passive*** wird benutzt, wenn man ausdrücken möchte, dass eine meist unrealistische Bedingung erfüllt sein müsste, wenn etwas geschehen soll.

Satzstruktur:

***if*-Satz** im **Past Simple** **+** **Hauptsatz** mit **would be + Verb (Past Participle)**

Beispiele:

If you **were** president, you **would be offered** a seat at the football final.
If the team **played** in Austria, the president **would be invited**.

(3) Das ***Conditional Perfect Passive*** wird verwendet, wenn man sagen möchte, was mit einer Person oder einer Sache hätte passieren können, wenn nicht ein anderes Ereignis eingetreten wäre.

Satzstruktur:

***if*-Satz** im **Past Perfect** **+** **Hauptsatz** mit **would have been + Verb (Past Participle)**

Beispiel:

If our team **had played** in our stadium,
it **would have been sold out**.

Passiv Konditional — 30. *Conditional Passive*

Lernschritt 2

→ Entscheide bei den folgenden Sätzen, ob sie zu einem Konditionalsatz der Kategorie 1, 2 oder 3 gehören (siehe Lernschritt 1).

1. If she had done better in the interview, she would have been given the job. ◯
2. If he practises hard, he will be seen on TV in the next song contest. ◯
3. He will be made chief executive of our company in South Africa if another applicant isn't chosen in the next couple of weeks. ◯
4. Mrs Smith will be sent to the meeting if she wants to go. ◯
5. If martens *(Marder)* weren't so nosy, they would never be caught in traps. ◯
6. If he had not been there personally, the prize would have been given to a substitute. ◯
7. If he had not been woken by the alarm clock in time, the bus would have been driven by someone else. ◯
8. If he had had a better car, he would not have been beaten by Tony. ◯
9. If Tim Tucker was a really good author, more of his books would be sold. ◯
10. If the waiter didn't tie the chairs together in the evening, they would be stolen at night. ◯

Lernschritt 3

→ Übersetze folgende Konditionalsätze.
Überlege dir zuvor, zu welcher Kategorie die Sätze gehören.

Denke daran: **Im *if*-Satz und im *when*-Satz steht kein *will* und kein *would***!

1. Wenn ich den Dachziegel *(roof tile)* gestern nicht befestigt hätte *(fasten down)*, wäre das ganze Dach abgedeckt worden *(take off)*.

____

____

2. Jenny wird in die Schule geschickt, wenn sie ein Jahr älter ist.

3. Wenn die Mannschaft die Deutscher Meisterschaft gewonnen hätte, wäre sie vom Bürgermeister empfangen *(welcome)* worden.

4. Mike und Sue wären nicht nach Hause gelaufen, wenn der Autoschlüssel nicht verloren gegangen wäre.

Mixed tenses

→ Fill in the gaps.

Jimmy liked doing things in the garden. But whenever he (find) ______________________ (1) something interesting he (stop) ______________________ (2) by somebody.

One afternoon his father (take) ______________________ (3) a rest from painting the gutter (Dachrinne) under the roof. So Jimmy (climb up) ______________________ (4) to see if he could do some painting. But his father (call out) ______________________ (5), "Hey, what (do) ______________________ (6) up there? Come down at once."

On another day his grandfather (cut) ______________________ (7) wood the whole morning for the fire and (leave) ______________________ (8) the saw (Säge) on the ground while he (have) ______________________ (9) a short break. Jimmy (think) ______________________ (10) Granddad (be) ______________________ (11) happy if he (see) ______________________ (12) the heap of cut wood when he (come back) ______________________ (13). So Jimmy (pick up) ______________________ (14) the saw and (try) ______________________ (15) to move the sharp blade across the wood, but it kept jumping sideward. "Stop that, Jimmy", his grandfather (shout) ______________________ (16), hearing the noise.

Jimmy (go) ______________________ (17) sadly inside to his mother. "Whatever I (do) ______________________ (18) in the garden is wrong," he (tell) ______________________ (19) her miserably. "Cheer up," his mother (answer) ______________________ (20) . "I have some proper work for you. You can help me peel the potatoes, if you like. And nobody (stop) ______________________ (21) you."

→ Vergleiche mit den Lösungen auf S. 111 unten.

Fehler? 0–1 Fehler: super! 2–3 Fehler: sehr gut 4–5 Fehler: gut gemacht
ab 6 Fehler: Du solltest noch mal die betreffenden Kapitel sorgfältig durcharbeiten. Dann wird dein Ergebnis bestimmt besser.

Lösungen

Aktiv

LS = Lernschritt

1. Present Simple (Seite 6 ff.)

LS 2: Weil sich diese Verbformen von den anderen unterscheiden: In der dritten Person Singular (he/she/it) wird ein -s angehängt.

LS 3: 1. wants, 2. need, 3. plays, 4. drink

LS 4: 3. Does she play … 4. Do children drink …

LS 5: 1. Where do they play tennis? 2. How much does a pound of grapes cost? 3. When does Charlie watch TV? 4. What does Carol play every Saturday? 5. When do you get up? 6. How often do Fanny and Eve have sports lessons?

LS 6: 3. She doesn't play with her little brother. 4. Children don't drink beer with their meals.

LS 7: 1. Do you have/Have you got time/ this weekend? 2. I usually listen to the radio in the morning. 3. I don't fly to Australia this year. (I won't fly/I'm not flying/I'm not going to fly to Australia this year.) 4. Do you like going to school, Bob? 5. Mr Reynolds likes/enjoys driving (his car). 6. I don't go to bed after 9 o'clock (I don't go to bed later than 9 o'clock.) 7. I don't drink/I never drink alcohol in the evening. 8. Does Jack often go to the park with you, Carol?

LS 8: 1. **A** Johnny speaks French. 2. **B** I eat a lot of vegetables. 3. **B** Mary often goes to the cinema. 4. **A** School ends/finishes/is over at one o'clock. 5. **B** I don't go to school by bike when it's raining. 6. **C** Do you take the 10 o'clock train? 7. **A** Where do your parents live?

2. Present Progressive (Seite 11 ff.)

LS 2: 1. I am standing/I'm standing … 2. You are sitting/You're sitting. … 3. Barry is drinking … 4. Ruth is reading … 5. The dog is running … 6. We are walking … 7. You are eating/You're eating … 8. Luca and Bastian are changing …

LS 3: 2. What are you drinking? 3. When are they leaving? 4. Why are you laughing? 5. Are you playing chess? 6. Is she singing in Italian?

LS 4: 2. Barbara isn't hiding in the shed. 3. We aren't waiting for a bus. 4. I'm not going to Canada on holiday this year.

LS 5: 2. D, 3. A, 4. B

LS 6: 1. We (can) hear the noise … 2. Mr Knocker is sitting in the living-room. He's watching the news on TV. 3. Look, William is talking to an old man. … I think he still hates him for that. 4. Yes, I (can) see the vapour trails. 5. I wish her all the best.

3. Present Simple und Present Progressive im Vergleich (Seite 16 ff.)

LS 2: 2. But today they're watching the match/game on TV. The score is 2 : 1. Present Progressive. Begründung: Handlung läuft im Augenblick des Sprechens ab.
3. Sam thinks it's too cold outside. Present Simple. Begründung: keine *-ing*-Form bei dem Verb "think".
4. The sun rises in the east. It sets in the west. Present Simple. Begründung: Es ist immer so.
5. The red sky in the east shows that it's rising. Present Progressive. Begründung: Es ist im Augenblick des Sprechens so. Signalwort: "gerade".
6. Every Saturday Mr Davis buys some rolls from the baker's. Present Simple. Begründung: Es ist immer wieder so.
7. Here/Now he's going to the bakery by bike. Present Progressive. Begründung: Es geschieht im Augenblick.
8. What are you doing? Present Progressive. Begründung: Handlung im Augenblick des Sprechens.
9. I'm cleaning my bike. Present Progressive. Begründung: längerer Vorgang, der gerade abläuft und noch nicht abgeschlossen ist.
10. I always clean my bike at the weekend. Present Simple. Begründung: Etwas geschieht immer wieder.
11. My father always cleans my bike for me. Present Simple. Begründung: Etwas ist immer wieder so.
12. Your friend is always smoking when he comes to see you. The whole room smells of smoke. "smoking": Present Progressive. Begründung: etwas Ärgerliches, das immer wieder geschieht; "comes", "smells": Present Simple. Begründung: Etwas geschieht immer wieder.
13. He never smokes at home. Present Simple. Begründung: Etwas geschieht nie.
14. I think it's annoying. Present Simple. Begründung: Keine *-ing*-Form bei "think"

Aktiv Zukunft (Seite 20)

LS 2: 2. a) 3. b) 4. b) 5. a) 6. a)

4. will-Future (Seite 22 ff.)

LS 2: 2. auf etwas hoffen, 3. um einen Gefallen bitten, 4. etwas anbieten/versprechen, 5. etwas versprechen, 6. etwas wird unter bestimmten Umständen geschehen *(when)*, 7. um einen Gefallen bitten, 8. etwas wird unter bestimmten Umständen geschehen, 9. etwas voraussagen/prophezeien, 10. etwas voraussagen/prophezeien, 11. etwas wird unter bestimmten Umständen geschehen, 12. spontan sagen, was man (nicht) tun wird, 13. auf etwas hoffen

5. going-to-Future (Seite 25 ff.)

LS 2: Nina: How much money are you going to spend?
Sandra: A lot! But my grandfather is going to pay for it.
Nina: Is he going to come with you?
Sandra: No, he is just going to pay.
Nina: What kind of swimsuit are you going to buy? ...
Sandra: I don't know yet. I'm going to try on different styles.
Nina: That's great. What are you going to do afterwards?
Sandra: My boyfriend is going to wait for me ...

LS 3: 1. I'll help you. 2. I'll go and buy some ... 3. Our club is going to go there ... 4. ... what you're going to do/ what you're doing this evening? 5. I'm going to watch/I'm watching the soap opera on TV at 8 o'clock. 6. Steve is going to make/is making ... And I'm going to help him. 7. No thanks, I'll go home/I'm going home in my own car.

LS 4: 1. The sunset is beautiful. I think we'll have good weather/a nice day tomorrow. 2. Look. Olga is already pumping up her bike tyre. She's going to school right away./She's going to ride to school right away. 3. When my father comes home, he'll take me to the club in his car/he'll drive me to the club. 4. "Have you already decided which camera you're going to buy?" – "Not yet, but I think I'll buy the cheaper one." 5. "What would you like to drink – coke or beer?" – "I think I'll have a glass of water." 6. "Are you flying to Paris or are you going by train?" – "No question about it. We're going by train." 7. "I'm afraid I won't even get my new dishwasher in 3 weeks." – "Don't worry. I'll help you with the dishes." 8. "My boyfriend thinks I'll fail my driving test next week. But I know I'll pass it. And if not, I'll take it again."

6. Zukunft durch Gegenwartsformen ausdrücken (Seite 29 ff.)

LS 2: 2. ... he is going to work ..., 3. What time are you coming ...? 4. We're flying to Melbourne ...

LS 3: 2. We are leaving ... Does the bus go so early? 3. The plane leaves at 10.30 am. So we are leaving / are going to leave for the airport at 8 o'clock. 4. The zoo opens at 9 o'clock ... Ben is taking some bread ... 5. Next weekend we are going to the fun park. It opens at 10 o'clock in the morning and closes at 8 o'clock in the evening.

7. Future Progressive (Seite 31 ff.)

LS 2: 1. Beide Formen möglich. 2. ... they'll be lying on the beach ... 3. I'll give him some money ... 4. Beide Formen sind möglich. 5. Where are you going/will you be going ...?" ... "I hope you'll have a nice time." 6. "Will you be riding ...?" 7. Beide Formen sind möglich. 8. "... I'll be watching TV."

8. Future Perfect (Seite 33 ff.)

LS 2: 2. **A** I will have repaired the bike by this evening. 3. **A** My brother will have built the kennel by Saturday. 4. **B** In two months the construction of the skyscraper will have taken three years. 5. **B** Next month my father will have driven his car for 10 years. 6. **B** By this evening we will have walked 30 km. 7. **B** Next year my parents will have lived in Frankfurt for 30 years.

LS 3: 1. By the end of the year I will have had my bike for ____ years. 2. I will have finished this work by ____ o'clock / on _____day. 3. I will have taken/written/finished/ my final exams by July 20__.

9. Future Perfect Progressive (Seite 36 ff.)

LS 2: 2. In August I will have been studying Maths for three years. 3. In five minutes I will have been waiting for my girlfriend for one hour. 4. On 15th December Roberta will have been living in Australia for 20 years.

10. Past Simple (Seite 38 ff.)

LS 2: regelmäßige Verben: seemed, followed, used, tried, strayed; unregelmäßige Verben: was, ran off, drove, gave, got, could.

LS 4: used to + Verb (in der Grundform)

LS 5: 1. I wrote a picture postcard to my girlfriend yesterday. 2. When I lived in New York I used to go to work by car. 3. Justin Cooper used to be funny when he was a boy. 4. Joshua saw the biggest elephant in the world. 5. When I was young I used to go to the disco every weekend. 6. Before his accident Mr Sueskind used to drive very fast. 7. Rosemary lived with her parents in a nice little house. 8. When she saw that, she sat down on a rock and cried.

LS 6: 2. No, I didn't see her, but yesterday I got an email from her. 3. She was in Tunisia for a holiday. 4. I didn't know that she likes to travel to countries with a hot climate. 5. Earlier she used to go to Norway or Sweden.

11. Present Perfect (Seite 43 ff.)

LS 2: you have, he/she/it has, you have, they have.

LS 3: eaten, gone, died, seen, drunk. Das Past Participle steht immer an **dritter** Stelle in der Liste unregelmäßiger Verben. (An zweiter Stelle steht das Past Simple.)

LS 4: 1. Look, Mum! I've picked these flowers for you. (Es geschah kurz vor dem Moment des Sprechens.) 2. Welcome home! Have you enjoyed your holiday? (Sie sind gerade zurück: Der Urlaub hat bis zu diesem Moment gedauert.) 3. I've never been to New York. (Signalwort *never*, Rückblick auf die Vergangenheit: Bisher war er noch nie in New York.) 4. I've (just) done my Maths homework (es geschah soeben), but I haven't finished my English homework yet (Signalwort *not yet*). 5. They are going to celebrate as soon as they have passed their exam. (Signalwort as soon as, Bedingung: bestandene Prüfung). 6. I've never smoked in my whole life. (Signalwort *never*, Rückblick auf die Vergangenheit: Bis jetzt hat er/sie noch nie geraucht.)

12. Past Simple und Present Perfect im Vergleich (Seite 47 ff.)

LS 1: links: 2) Present Perfect, rechts: 1) Past Simple

LS 2: Mrs Moore: Satz 1 – rechtes Bild, Satz 2 – linkes Bild; Tom: Satz 1 – linkes Bild, Satz 2 – rechts Bild; you cooked ...: Satz 1 – rechtes Bild, Satz 1 – linkes Bild.

LS 3: never, ever, already, not yet, recently, it's the first time, as soon as

LS 4: Mark: lived; Pamela: have lived

LS 6: 1. Last Monday Nicola put on her warm boots and went skiing. 2. Only five minutes ago the world looked quite different.

13. Past Perfect (Seite 52 ff.)
LS 3: 1. He had gone home. 2. He had (already) died. 3. I had never seen them before. 4. ... because he had never flown such a plane before. 5. ... he had promised his brother to take him to the airport.

LS 4: 1. Mrs Fisher said the children were in bed when she came home. (Past Simple) 2. She said the children had eaten a chocolate bar earlier. (Past Perfect) 3. Mr und Mrs Lomax told me they worked at Microsoft. (Past Simple) 4. They said they had worked at Cisco before that. (Past Perfect) 5. Keith admitted that he had got married three times before. (Past Perfect) 6. Mr Jenkins told us he had had a good English teacher at school. (Past Perfect) 7. Jenny said she had a good English teacher. (Past Simple)

LS 5: After he had cleaned the windscreen, he drove away. / As soon as he had cleaned the windscreen, he drove away. / When he had cleaned the windscreen, he drove away.

14. Present Perfect Progressive (Seite 56 ff.)
LS 2: A–3, B–1, C–4, D–2

LS 3: 1. They have been sitting on the plane for 8 hours. 2. "I've been walking in the rain for 2 hours without an umbrella." 3. "We've been tidying up the whole morning." 4. He has been driving a taxi there for 5 years. 5. We've been working on it for one hour already. 6. "I've been learning English for 6 years." 7. "Yes, she's been living in Cologne for two years."

LS 4: Present Perfect = Situation 2, Present Perfect Progressive = Situation 1. Ergebnis der Arbeit = Situation 2; Handlung selbst = Situation 1.
Satz 2: Ergebnis der Arbeit; Satz 3: Häufigkeit (wie oft); Satz 1: Handlung selbst, (Dauer der Handlung).

LS 5: Das Present Perfect Progressive muss ich verwenden, wenn eine vergangene Handlung noch Bezug zur Gegenwart hat und wenn der Sprecher betonen möchte, wie lange die Handlung gedauert hat, oder wenn der Sprecher die Handlung selbst hervorheben möchte.
Das Present Perfect muss ich verwenden, wenn eine vergangene Handlung noch einen Bezug zur Gegenwart hat und wenn der Sprecher das Ergebnis der Handlung betonen will oder betonen will, wie oft er etwas getan hat.

LS 6: 1. She has been painting all day ... 2. I've been studying the article ... 3. But I haven't found out the gist ... 4. We've been waiting for you ... 5. Sorry, I've been buying a new dress. 6. We've been playing basketball and we lost. 7. Sure, they have been cycling for hours. 8. He has won several prizes. He has been driving the same car for a year now. Up to now he has practised three times a week.

15. Past Progressive (Seite 61 ff.)
LS 3: 1. (C) was phoning / hit 2. (B) was drinking / was eating 3. (C) were going home / started (began) 4. (A) were you doing 5. (C) saw / were waiting 6. (A) were sitting

LS 4: 1. was reading / while/ were playing 2. wasn't taking 3. was chopping /while / was cooking 4. heard/ when / was having 5. Were you watching 6. was having/when/ rang

15. Past Perfect Progressive (Seite 64 ff.)
LS 3: Situation 1: **A** She had been dancing all night. Situation 2: **C** He said he had been doing his homework with a friend. Situation 3: **B** We had just been taking off our clothes when I felt raindrops.

LS 4: 1. ... we had been playing football when a flash of lightning struck a tree. 2. It had been snowing all night. 3. It has been raining here for three days continuously. 4. Yesterday I met a boy who said he had spoken /he had been speaking/ to the Prime Minister for half an hour. 5. I've been sitting here doing my homework since 2 o'clock.

LS 5: A couple of days ago I had just been reading when the doorbell rang. My cousin was standing at the door.

Aktiv Konditional (Seite 68)
- Das Conditional I verwendet man, wenn der Sprecher das Ereignis als durchaus möglich betrachtet.
- Das Conditional II verwendet man, wenn der Sprecher das Ereignis als unrealistisch betrachtet.

17. Conditional I (Seite 69 ff.)
LS 2: Im if-Satz steht nie **will** + Verb.

LS 3: 1. **A** If the weather is fine, we'll go swimming in the lake this afternoon. 2. **B** If you leave the lights day and night, you get a big electricity bill. 3. **A** If my uncle doesn't do more sport, he'll become fatter and fatter. 4. **B** If you come to see me today, I'll be happy.

LS 4: 2. If you try your driving test now, you'll be successful. / Eric will be successful if he tries his driving test now. 3. You'll understand this text if you read it carefully. / If Benny reads this text carefully, he'll understand it. 4. I'll forgive you if you promise to do that never again. / If I promise to do that never again, you'll forgive me. 5. If people don't buy a ticket, they have to pay a fine. / People have to pay a fine if they don't buy a ticket. 6. If he meets his friends in a pub, he always goes home by taxi afterwards. / He always goes home by taxi if he meets his friends in a pub.

18. Conditional II (Seite 72 ff.)

LS 2: Im *if*-Satz steht <u>nie</u> would ('d).

LS 3: 1. If I were you, I wouldn't marry him. 2. What would you do if it started/began to rain? 3. If you didn't smoke so much, we'd already have a new car. 4. If you read the instructions, we'd be finished building the shelf much earlier. 5. If it wasn't so cold, we'd have ice-cream now.

LS 4: 1. I wouldn't mind living on the North Sea coast if the weather was/were better there. 2. We would buy this book if it wasn't/weren't so expensive. 3. If you didn't live in Canada, we'd visit you more often. 4. I'd write you an e-mail every day if you had a computer. 5. I'd wear this blue dress if I went to the opera tonight.

19. Conditional II Progressive (Seite 75 ff.)

LS 3: 1. ... I'd sing the whole day. 2. ... I'd be studying every afternoon. 3. They'd be riding their horses every day ... 4. Patrick would visit his mother every weekend ...

20. Conditional Perfect (Seite 77 ff.)

LS 2: Im if-Satz steht nie would ('d) oder could.

LS 3: 1. If Helen had passed the exam, she would have gone on holiday. 2. He would have gone by train if he had known that his plane would be 2 hours late. 3. If you had slept at/during the night, you wouldn't have been so tired during the trip. 4. If they had worn their coats they wouldn't have caught the flu. 5. If I had bought a cheaper car, I could have flown to Madrid with you. 6. If I had been able to solve this problem, I would have got a better mark.

LS 4: 2. If he hadn't drunk so much last night, the police wouldn't have stopped him and taken his driving licence away. 3. If Lewis had known Frank better, he wouldn't have given him £10,000. 4. If Mr Scott hadn't forgot his passport, the family wouldn't have missed their plane. 5. If Teresa hadn't been ill yesterday, her friend could have given her an invitation to her birthday party.

21. Conditional Perfect Progressive (Seite 81 ff.)

LS 3: 1. A week from tomorrow my daughter would have been living in London for seven years, if she hadn't got that fantastic job in San Francisco last month. 2. In August Mrs Natisco would have been singing at the Metropolitan Opera for 15 years if she hadn't become ill last winter.

LS 4: Next month Mrs Palmer would have been teaching at this school for 25 years if she had not retired last year.

Passiv

Passiv (Seite 83)

LS 1: *are* (Gegenwart) und *was* (Vergangenheit)

22. Present Simple Passive (Seite 83 ff.)

LS 2: 1. Mr Miller is said to work in a garage. 2. Mrs Miller is said to be a teacher. 3. They are said to have four children. 4. They are said to own a caravan.

LS 3: 1. The seats adjust easily. 2. The boot is large and loads easily. 3. The speed/speedometer reads easily. 4. The roof rack mounts easily.
1a. The seats can be adjusted easily. 2a. The boot is large and can be loaded easily. 3a. The speedometer can be read easily. 4a. The roof rack can be mounted easily.

LS 4: 1. The jewellery is kept in the safe. 2. All the flowers are put on the balcony. 3. The passports are checked to see if they're still valid. 5. The newspaper delivery is interrupted. 5. The flat is locked. 6. A key is given to the neighbours.

LS 5: 1. The rooms should be aired once a week. 2. The two rabbits must be fed every evening. 3. The lawn should be mown after two weeks. 4. The flowers on the balcony must be watered every day.

LS 6: LS 2: B, LS 3: D, LS 4: A, LS 5: C

23. Present Progressive Passive (Seite 89 ff.)

LS 2: 1. The beds are being made. 2. A window is being repaired. 3. The bathroom is being cleaned. 4. The room is being aired out. 5. The stains on the carpet are being removed. 6. The minibar is being checked.

LS 3: 2. The installation of soundproof windows is being planned. 3. The hotel car park is being extended. 4. An internet café is being set up. 5. A solar heating system is being installed on the roof.

LS 4: LS 2: A, LS 3: B

24. will-Future Passive (Seite 91)

LS 2: Tomorrow you will be woken up with an early morning call at 6 am. 2. Your breakfast will be served in your room. 3. You'll be picked up by a minibus in front of the hotel. 4. You'll be taken to Switzerland by coach. 5. Snacks and cold drinks will be served on the bus. 5. You'll be shown some sights and the beautiful nature.

25. going-to-Future Passive (Seite 92 ff.)

LS 2: They are going to be woken up ... / Breakfast is going to be served ... / They are going to be taken there by minibus. / They are going to be taken to Switzerland ... / Little snacks and cold drinks are going to be served on the way. / They are going to be shown some sights ...

LS 3: Situation 1: going-to-Future Passive: Mr settler is going to be operated on next Thursday. Situation 2: You will be operated on next Thursday. will-Future Passive.

LS 4: Situation 1: The test is going to be written on 10th December. *going-to-Future Passive.* Situation 2: Our test will be written on 10th December. *will-Future Passive.*

26. Past Simple Passive (Seite 95 ff.)

LS 2: 1. The alarm system was released by a worker immediately. 2. The fire brigade was called at once by a nearby resident. 3. The street was immediately cordoned off by the police. 4. The fire was fought with foam. 5. The fire was extinguished after a short time.

LS 3: 1. Passers-by weren't allowed to stop in front of the factory and watch. 2. People in the surrounding houses weren't allowed to open their windows. 3. Near the factory people weren't allowed to smoke. 4. People weren't allowed to film or take fotos. 5. The access road to the factory wasn't allowed to be blocked.

LS 4: 1. He was given a large bouquet of flowers. 2. He was promised a reward. 3. He and his wife were offered a trip to Paris.

LS 5: A, C, B

LS 6: (1) wasn't born (2) was born (3) were born

LS 7: Robertas birthday. Roberta speaks German fluently because her parents were born in Germany. But she was born in France and has lived there ever since. She was born on the same day as Napoleon, 200 years later.
She and her husband often travel to Austria because he was born there.

LS 8: Do you know when Napoleon was born? His birthday was celebrated on 15th August. He was born in Ajaccio in 1769.

27. Past Progressive Passive (Seite 99)

LS 1: 1. The beds were being made. 2. The bathroom was being cleaned while we were talking to the hotel manager. 3. One window was being repaired. 4. Some stains on the carpet were being removed. 5. The minibar was being checked.

28. Present Perfect Passive (Seite 101 ff.)

LS 3: 1. The carpets have been vacuumed. 2. The laundry has been washed. 3. The dishwasher has been repaired. 4. The crib for the baby has been prepared.

LS 4: 2. She might have been run over by a car. 3. She might have been injured by a neighbour.

29. Past Perfect Passive (Seite 103 ff.)

LS 3: 2. All the plants had been put on the balcony. 3. The newspaper delivery had been interrupted. 4. The flat had been locked. 5. The keys had been given to the neighbours./The neighbours had been given the keys.

LS 4: 1. A tranquilizer had been given to the lion before it was operated on. / The lion had been given a tranquilizer before it was operated on. 2. The first McDonald's restaurant was opened in 1940. 3. The bank robber was filmed while he was clearing out the safe. 4. All players had been checked before they were allowed to enter the playing field.

30. Conditional Passive (Seite 105 ff.)

LS 2: 1. (3) 2. (1) 3. (1) 4. (1) 5. (2) 6. (3) 7. (3) 8. (3) 9. (2) 10. (2)

LS 3: 1. If I hadn't fastened down the roof tile yesterday, the whole roof would have been taken off. 2. Jenny will be sent to school when she is one year older. 3. If the team had won the German championship, they would have been welcomed by the mayor. 4. Mike and Sue would not have walked home if the car key hadn't been lost.

Mixed tenses (Seite 108 f.)

1 had found 2 was stopped 3 took 4 climbed up
5 called out 6 are you doing 7 had been cutting 8 left
9 was having 10 thought 11 would be 12 saw
13 came back 14 picked up 15 tried
16 shouted 17 went 18 do 19 told 20 answered
21 will stop

Quellen

Barnes, Ronald (1979): Get Your Tenses Right. Cambridge University Press

Kieweg, Werner (2005): Tenses – Englische Zeitformen im Aktiv und Passiv. Manz Verlag, Stuttgart

Murphy, Raymond (1987): English Grammar in Use. Cambridge University Press

Swan, Michael (2005): Practical English Usage. Oxford University Press

Ungerer, F., Meier, G. E., Schäfer, K., & Lechler, S. B. (1984): Grammatik des heutigen Englisch. Klett Verlag, Stuttgart

Vince, Michael (2008): Macmillan English Grammar in Context. Essential, Intermediate, Advanced (3 Bände). Macmillan Publishers Limited, Oxford

Notizen